A VIDA INTELECTUAL

Seu espírito, suas condições, seus métodos

Copyright © by Revue des Jeunes, 1934
Copyright © 2010 É Realizações
Esta edição foi traduzida da edição de 1944, da J. Lecouvet, Vic. Gen., Paris, França, sob o título *La Vie Intellectuelle – Son Esprit, Ses Conditions, Ses Méthodes*

Editor
Edson Manoel de Oliveira Filho

Produção editorial, capa e projeto gráfico
É Realizações Editora

Revisão
Jessé de Almeida Primo

Reservados todos os direitos desta obra. Proibida toda e qualquer reprodução desta edição por qualquer meio ou forma, seja ela eletrônica ou mecânica, fotocópia, gravação ou qualquer outro meio de reprodução, sem permissão expressa do editor.

DADOS INTERNACIONAIS DE CATALOGAÇÃO NA PUBLICAÇÃO (CIP)
(CÂMARA BRASILEIRA DO LIVRO, SP, BRASIL)

Sertillanges, A.-D., 1863-1948
  A vida intelectual: seu espírito, suas condições, seus métodos / A.-D. Sertillanges; tradução Lilia Ledon da Silva – São Paulo : É Realizações, 2010.

  Título original: La vie intelectuelle: son esprit, ses conditions, ses méthodes.
  ISBN 978-85-88062-86-3

  1. Cultura 2. Vida cristã 3. Vida intelectual I. Título.

10-05003   CDD-306.42

Índices para catálogo sistemático:
1. Vida intelectual : Sociologia   306.42

É Realizações Editora, Livraria e Distribuidora Ltda.
Rua França Pinto, 498 · São Paulo SP · 04016-002
Telefone: (5511) 5572 5363
atendimento@erealizacoes.com.br · www.erealizacoes.com.br

Este livro foi reimpresso pela Gráfica Paym em outubro de 2019. Os tipos usados são da família Weiss BT, LibertyD e Nuptial Script. O papel do miolo é o Lux Cream 70 g., e o da capa Ningbo C2 250 g.

A VIDA INTELECTUAL

Seu espírito, suas condições, seus métodos

A.-D. SERTILLANGES

Tradução
LILIA LEDON DA SILVA

10ª impressão

É Realizações
Editora

SUMÁRIO

Prefácio à terceira edição 9

Prefácio à segunda edição 11

Introdução 19

CAPÍTULO I – A Vocação Intelectual 21

    I. O intelectual é um consagrado 21
    II. O intelectual não é um isolado 27
    III. O intelectual pertence a seu tempo 28

CAPÍTULO II – As Virtudes de um Intelectual Cristão 31

    I. As virtudes comuns 31
    II. A virtude própria ao intelectual 36
    III. O espírito de oração 39
    IV. A disciplina do corpo 42

CAPÍTULO III – A Organização da Vida 47

    I. Simplificar 47
    II. Conservar a solidão 50
    III. Cooperar com seus semelhantes 55
    IV. Cultivar os relacionamentos necessários 58
    V. Manter a dose necessária de ação 61
    VI. Preservar em tudo o silêncio interior 65

CAPÍTULO IV – O Tempo do Trabalho 67
   I. O trabalho permanente 67
   II. O trabalho à noite 75
   III. O início e o fim do dia 79
   IV. Os instantes de plenitude 84

CAPÍTULO V – O Campo do Trabalho 89
   I. A ciência comparada 89
   II. O tomismo, quadro ideal do saber 97
   III. A especialidade 100
   IV. Os sacrifícios necessários 102

CAPÍTULO VI – O Espírito do Trabalho 105
   I. O fervor da pesquisa 105
   II. A concentração 108
   III. A submissão ao verdadeiro 110
   IV. Os alargamentos 114
   V. O senso do mistério 117

CAPÍTULO VII – A Preparação do Trabalho 119
   A – A Leitura 119
   I. Ler pouco 119
   II. Escolher 122
   III. Quatro espécies de leitura 124
   IV. O contato com os gênios 127
   V. Conciliar, em vez de opor 132
   VI. Apropriar-se e viver 134

   B – A Organização da Memória 139
   I. O que é preciso memorizar 139
   II. Em que ordem memorizar 142
   III. Como proceder para memorizar 144

   C – As Anotações 147
   I. Como anotar 147

II. Como classificar suas anotações 153
III. Como utilizar suas anotações 155

CAPÍTULO VIII – O Trabalho Criador 157

I. Escrever 157
II. Desprender-se de si mesmo e do mundo 163
III. Ser constante, paciente e perseverante 167
IV. Fazer tudo bem feito e até o fim 176
V. Não tentar nada acima de seus limites 179

CAPÍTULO IX – O Trabalhador e o Homem 181

I. Manter o contato com a vida 181
II. Saber relaxar 186
III. Aceitar as provações 190
IV. Apreciar as alegrias 194
V. Ansiar pelos frutos 196

PREFÁCIO
À terceira edição

Será este o momento certo para reeditar um escrito assim? Quando o universo está em chamas, será oportuno jogar sobre as brasas umas folhas de papel para serem queimadas em vez de formar uma fila e bombear água do poço?

O que se há de fazer? De qualquer forma a sensação que se tem é de esmagadora impotência. Mas se o presente só traz tormento e desconcerto, não se deveria passar através de tudo e preocupar-se com o porvir?

O porvir cabe a Deus e a nós, mas numa dada ordem. Ele não cabe antes de tudo à força, e sim ao pensamento. Após uma medonha devastação, será preciso reconstruir. Todos os elementos da civilização devem ser retomados na base. Arquitetos aventurosos virão com projetos. Já alguns se alardeiam. Poderão nossos mestres de obra chegar a um acordo condizente com a amplidão, a harmonia e a solidez que seria de se esperar? Queira Deus! Em todo caso, haverá muito trabalho para a reflexão. Há futuro para o conhecimento sob todos os aspectos que ele pode assumir em nossas complexas civilizações, quer passadas, quer em vias de renascer. O pensamento católico não terá o direito de cruzar os braços, tampouco o terão outros. Para todos os homens de boa vontade a lide vai ser imensa. Convicto de ser detentor da verdade essencial a ele confiada pelo Cristo, o católico tem mais responsabilidade que qualquer um e, para estar à altura de assumi-la, ele tem de estar de posse de todos os seus meios, conferir seus métodos e preparar seu coração pela meditação sobre suas possibilidades bem como sobre suas obrigações.

Este livro não tem outro objetivo senão o de ajudá-lo nessa tarefa. Como em épocas mais calmas e entretanto necessitadas, o leitor saberá avivá-lo com uma chama nova que jorrará de sua própria consciência. Por si só, um texto não é nada, tal como uma viagem por si só tampouco é nada. Uma alma se faz necessária para concatenar entre si os méritos desta e as frases daquele, fazendo jorrar do contato essa luz misteriosa que se chama verdade ou que tem por nome beleza.

O efeito de um livro depende de cada um de nós. A última etapa definitivamente não é a do impresso que sai do editor, mas a do verbo mental que o próprio leitor elabora. Ante o chamado dos acontecimentos e em meio à aflição atual, mais do que nunca no dia seguinte a uma paz adquirida a tão alto preço e que recobrirá tantos destroços, confiamos que as considerações aqui expostas no tocante à vida intelectual encontrarão em nossos moços uma compreensão renovada e uma eficácia superior.

Eis porque reeditamos este trabalho. Sabemos que ele tem de se difundir em outros lugares, bem longe daquele onde veio ao mundo, e é-nos uma alegria pensar que amanhã, a necessidade devendo tornar-se universal, como hoje o caos, nosso humilde esforço poderá se unir ao dos melhores numa atmosfera comum renovada e nos dois mundos.

A.-D. Sertillanges, O.P.
Membro do Instituto
1944

PREFÁCIO
À segunda edição

A pequena obra hoje reeditada foi reimpressa já muitas vezes. Ela data de 1920. Eu não a havia relido. Eu me perguntava, ao abordá-la com um novo olhar e uma experiência quinze anos mais velha, se nela reconheceria meu pensamento. Encontro-o integralmente, salvo certos matizes que eu não deixarei de levar em consideração na revisão que ora assumo. A razão disso é que estas páginas, na verdade, não têm data. Elas saíram de meu âmago. Já as trazia em mim havia um quarto de século quando eclodiram. Escrevi-as como alguém que expressa suas convicções essenciais e abre seu coração.

O que me dá a confiança de que elas tiveram alcance é, com toda a certeza, sua repercussão de amplas proporções; mas é sobretudo o testemunho de cartas inumeráveis, umas me agradecendo pela ajuda técnica que eu levava até os obreiros do espírito, outras pelo calor que me diziam ter sido transmitido a ânimos jovens ou viris, a maioria por aquilo que parecia ao leitor a revelação dentre todas a mais preciosa: a do clima espiritual próprio à eclosão do pensador, a sua elevação, a seu progresso, a sua inspiração, a sua obra.

Eis aí efetivamente o principal. O espírito tudo rege. É ele que inicia, executa, persevera e conclui. Como ele preside a cada aquisição, a cada criação, ele dirige o trabalho mais secreto e mais exigente que opera sobre si o trabalhador por toda a sua carreira.

Não cansarei, assim espero, o leitor ao insistir uma vez mais nesse todo da vocação de pensador ou de orador, de escritor e de apóstolo. É verdadeiramente a questão prévia; é depois a questão de fundo, e é consequentemente o segredo do sucesso.

Querem os senhores compor uma obra intelectual? Comecem por criar em seu interior uma zona de silêncio, um hábito de recolhimento, uma vontade de despojamento, de desapego, que os deixem inteiramente disponíveis para a obra; adquiram esta disposição das faculdades mentais isenta do peso de desejos e de vontade própria, que é o estado de graça do intelectual. Sem isso, não farão nada, em todo caso, nada que valha.

O intelectual não é filho de si mesmo; ele é filho da Ideia, da Verdade eterna, do Verbo criador e animador imanente a sua criação. Quando pensa corretamente, o pensador segue Deus à risca; ele não segue sua própria quimera. Quando tateia e se debate no esforço da busca, ele é Jacó lutando com o anjo e "forte contra Deus".

Não é natural, nessas condições, que o homem que recebeu o chamado repudie e esqueça deliberadamente o homem profano? Que deste ele rejeite tudo: sua leviandade, sua inconsciência, seu desleixo no trabalho, suas ambições terrenas, seus desejos orgulhosos ou sensuais, a inconsistência de seu querer ou a impaciência desordenada de seus desejos, suas complacências e suas antipatias, seus humores acrimoniosos ou seu conformismo, toda a inumerável rede de *impedimenta*[1] que obstruem o caminho do vero e impossibilitam sua conquista?

O temor a Deus é o começo da sabedoria, diz a Escritura. Esse temor filial não é no fundo senão o medo de si. No campo intelectual pode-se chamá-lo de atenção liberada de todas as preocupações inferiores e de fidelidade perpetuamente apreensiva ante a possibilidade de decair. Um intelectual deve estar sempre de prontidão para o pensar, isto é, para receber uma parte da verdade que o mundo carreia em seu curso e que lhe foi preparada, para tal ou qual curva desse curso, pela Providência. O Espírito passa e não volta. Feliz de quem está pronto para não perder, para de preferência até provocar e aproveitar o milagroso encontro!

Toda obra intelectual começa pelo êxtase; só depois se exerce o talento do arranjador, a técnica dos encadeamentos, das relações e da construção. Ora, o que é o êxtase senão um elevar-se para longe de si mesmo, um esquecimento de

---

[1] Em latim no original. (N. E.)

se viver, de si próprio, para que viva no pensamento e no coração o objeto de nossa embriaguez?

A memória mesma participa desse dom. Existe uma memória baixa, uma memória de papagaio e não de inventor: esta aí causa obstrução, tapando as vias por onde flui o pensamento em proveito de palavras e fórmulas fechadas. Mas há uma memória engatilhada em todas as direções e à espera de uma eterna descoberta. Em seu conteúdo, nada há que venha "já pronto"; suas aquisições são sementes de futuro; seus oráculos são promessas. Ora, tal memória é também *extática*; ela funciona pelo contato com as fontes de inspiração; de modo algum se compraz de si mesma; o que encerra é novamente intuição, sob o nome de lembrança, e o eu de quem é hóspede se entrega por seu intermédio à exaltante Verdade tanto quanto à busca.

O que é verdadeiro para as aquisições e as consecuções era já verdadeiro para o chamado no início do percurso. Depois das hesitações da adolescência, quase sempre angustiada e perplexa, foi inevitável chegar à descoberta de si, à percepção desse impulso secreto que persegue em nós não sei qual resultado longínquo que a consciência ignora. Supõem que isso seja simples? "À escuta de si mesmo" é uma outra formulação para esta expressão: À escuta de Deus. É no pensamento criador que jaz nosso ser verdadeiro e nosso eu na forma autêntica. Ora, essa verdade de nossa eternidade, que domina nosso presente e prevê nosso porvir, é-nos revelada tão somente no silêncio da alma, silêncio dos vãos pensamentos que levam ao "divertimento" pueril e dissipador; silêncio dos barulhos de chamada que as paixões desordenadas não se cansam de fazer-nos escutar.

A *vocação* pede o *atendimento*, que, num esforço único para sair de si, escuta e atende.

O mesmo se dará por ocasião da escolha dos meios para ser bem-sucedido, da estruturação de seu modo de vida, de seus relacionamentos, da organização de seu tempo, da partilha entre a contemplação e a ação, entre a cultura geral e a especialização, entre o trabalho e os descansos, entre as concessões necessárias e as intransigências ferozes, entre a concentração que fortalece e as expansões que enriquecem, entre o retrair-se e o relacionar-se com gênios, pessoas com quem se tem afinidade de ideias, com a natureza ou a vida social etc. etc. Tudo isso só é avaliado com sabedoria quando em *êxtase* também, perto do eternamente verdadeiro, longe do eu que cobiça e é tomado de paixão.

E ao final a dádiva dos resultados e sua extensão estipulada lá no alto exigirão a mesma virtude de acolhida, a mesma postura desinteressada, a mesma paz em uma Vontade que não seja a nossa. Chega-se ao que se *pode*, e nosso poder precisa avaliar-se, para não se subestimar, de um lado, ou, inversamente, transbordar de presunção e jactância vazia. De onde vem esse julgamento senão de um olhar fiel à verdade impessoal e da submissão a seu veredicto, mesmo que isso nos custe um esforço ou um desapontamento secreto?

Os grandes homens nos parecem ter uma grande ousadia; no fundo, eles são mais obedientes que os outros. A voz soberana os alerta. É porque um instinto provindo dela os aciona que eles tomam, com coragem sempre e às vezes com grande humildade, o lugar que a posteridade lhes conferirá mais tarde, ousando atitudes e arriscando inovações com muita frequência contrárias a seu meio, sendo até mesmo alvo de sarcasmos. Eles não têm medo porque, por mais isolados que pareçam, não se sentem sozinhos. A seu favor está o que tudo decide no final. Eles pressentem seu futuro poder.

Nós temos sem dúvida de lidar com uma humildade de natureza totalmente diversa, nós devemos entretanto ir colher nossa inspiração nas mesmas alturas. É a altitude que mede a pequenez. Quem não possui o sentido das grandezas se deixa exaltar ou abater facilmente, quando não as duas coisas ao mesmo tempo. É para não pensar no escaravelho gigante que a formiga acha o ácaro demasiadamente pequeno, e é para não sentir o vento dos cumes que o caminhante se demora languidamente nas encostas. Sempre conscientes da imensidão da verdade e da exiguidade de nossos recursos, jamais empreenderemos o que está além de nosso alcance, e iremos até o fim do nosso poder. Seremos felizes, então, com o que nos terá sido oferecido à nossa altura.

Não se trata aqui de pura mensuração. O motivo da observação é o fato de que o trabalho insuficiente ou pretensioso é sempre um trabalho malfeito. Uma vida empurrada muito para o alto ou largada muito lá embaixo é uma vida que se desorienta. Uma árvore pode ter uma rama e uma floração medíocre ou magnífica: ela não as chama e não as constrange; sua alma vegetal desabrocha pela ação da natureza no geral e das influências do ambiente. Nossa própria natureza geral é o pensamento eterno; recorremos a ele com as forças que dele provêm e com os intrumentos que ele nos fornece: deve haver concordância entre o que recebemos em matéria de dons – incluindo-se a coragem – e o que devemos esperar em matéria de resultados.

O que não haveria para se dizer sobre essa disposição fundamental, ante um destino inteiramente dedicado à vida pensante! Mencionei as resistências e as incompreensões que agem contra os grandes; mas elas atingem também os pequenos: como resistir a elas sem um puro apego ao verdadeiro e sem autoesquecimento? Quando não se procura agradar o mundo, ele se vinga; se por acaso se consegue agradá-lo, ele ainda assim se vinga nos corrompendo. A única saída é trabalharmos longe dele, tão indiferentes a seu julgamento quanto prontificando-nos a ser-lhe úteis. O bom é, talvez, que ele nos repele e nos obriga assim a retirar-nos para nosso próprio interior, a crescermos por dentro, a controlar-nos, a aprofundar-nos. Esses benefícios vêm à proporção que nosso desinteresse se torna superior, isto é, que nosso interesse se centra naquilo que é o unicamente necessário.

Estaríamos nós mesmos sujeitos, para com outrem, às tentações da difamação, da inveja, das críticas sem fundamento, das disputas? Teríamos então de nos lembrar que inclinações como essas, ao perturbar o espírito, são nocivas à verdade eterna e são incompatíveis com seu culto.

É preciso observar nesse particular que a difamação, até um determinado nível, é mais aparente do que real e tem algum valor para a formação da opinião geral. Nós nos enganamos com frequência sobre o modo como os mestres falam uns dos outros. Eles se *criticam severamente*, mas bem sabem, mutuamente, o que valem, e criticam os outros quando não atribuem importância a isso.

Seja como for, o progresso em comum precisa de paz e de ação conjunta e sofre grande atraso por conta de estreitezas. Diante da superioridade de outrem, só resta uma atitude honrosa: amá-la, e ela se torna assim nossa própria alegria, nossa própria fortuna.

Uma fortuna diferente poderá nos tentar: a que se obtém mediante um êxito exterior, a bem dizer, hoje em dia, bastante raro, quando se trata de um verdadeiro intelectual. O público, de modo geral, é vulgar e só gosta da vulgaridade. Os editores de Edgar Poe diziam ser obrigados a pagar-lhe menos do que a outros, porque ele escrevia melhor que os outros. Conheci um pintor a quem um *marchand* de arte dizia: "Seria bom tomar umas aulas." — ?... — "Sim, para aprender a não pintar tão bem". O homem dedicado à perfeição não entende essa linguagem; ele não aceita por preço algum, sob forma alguma, ser um seguidor do que Baudelaire chamava de zoocracia. Mas e se essa dedicação esmorecesse?...

Mesmo não dando importância aos juízos de terceiros, não estamos nós à mercê, quando a sós, dos tolos julgamentos da vaidade e da puerilidade instintiva? "Nunca cales, nunca escondas de ti o que se pode pensar contra teu próprio pensamento", escreve Nietzsche. Já não se trata mais aí dos incompetentes e dos curiosos, e sim de nosso próprio testemunho em estado vigilante e íntegro. Quantas vezes não gostaríamos de desconversar, de alcançar a autossatisfação mesmo que enganosa, de dar-nos a preferência conquanto indevidamente! A severidade para consigo, tão propícia à retidão dos pensamentos e à preservação destes contra os mil riscos da busca, é um ato de heroísmo. Como declarar-se culpado e amar sua condenação sem o amor desvairado daquilo que julga?

Isso se corrige, é verdade, por um apego intransigente às nossas persuasões profundas, às intangíveis intuições que se encontram na base de nosso esforço e até de nossa crítica. Não se constrói sobre o nada, e os retoques do artesão não afetam os primeiros alicerces. O que está assimilado e averiguado deve ser resguardado de retratações infundadas e de escrúpulos. É o mesmo amor pela verdade que assim o quer; é o mesmo desinteresse que se interessa, em nós, por aquilo que nos supera e que nem por isso deixou de vir alojar-se em nossa consciência. Apreciações como essas são delicadas; elas são porém necessárias. Sob hipótese alguma as elevadas certezas sobre as quais se assenta todo o trabalho da inteligência devem ser abaladas.

É inclusive o caso de defender-se, em nome desse mesmo apego, contra este *melhor* que se chamou muito adequadamente de inimigo do bom. Pode ocorrer, ao ampliar-se o campo da pesquisa, que ela se enfraqueça, e pode ocorrer, ao aprofundar-se nela para além de determinados limites, que o espírito fique perturbado e não consiga alcançar nada além de perplexidade. A estrela que se fita de modo por demais ardente e contínuo pode, em razão desse próprio fator, pôr-se a piscar cada vez mais e acabar desaparecendo do céu.

Não decorre daí que se deva evitar aprofundar-se, nem tampouco desprezar essa vasta cultura que é uma condição para o aprofundamento em qualquer setor; mas alerto contra os excessos, e aponto que o puro apego ao que é verdadeiro, sem paixão pessoal, sem frenesi, é o que constitui sua especificidade.

Existe ainda uma outra defesa contra a precipitação nos julgamentos e na elaboração das obras. Ninguém se deixa ofuscar, quando ama a verdade, por uma ideia brilhante à qual se deu por auréola meras banalidades. Não é assim que uma obra adquire seu valor. Pode acontecer que o mais medíocre dos seres encontre uma ideia, como se fosse um diamante bruto ou uma pérola. O difícil é lapidar essa ideia e sobretudo engastá-la na joia da verdade que será a verdadeira criação.

"Na categoria dos leitores precipitados de uma obra", diz o sr. Ramon Fernandez usando uma formulação divertida, "eu incluiria de bom grado o autor da mencionada obra". Está muito bem! Mas de onde provém essa pressa negligente, que absolve de antemão um leitor menos interessado e menos responsável? Ela deverá ser evitada, por uma dedicação mais profunda tão somente à verdade.

Será preciso igualmente abster-se de se lançar sobre um tema específico que se gostaria de desenvolver sem ter investigado seus antecedentes gerais e seus vínculos. Ser *múltiplo* por longo tempo é a condição para ser *uno* sem perder a riqueza. A unidade do ponto de partida não é senão um vazio. Isso se sente quando a elevada e misteriosa verdade tem nosso culto. Se não utilizarmos então tudo quanto aprendemos, restará no que dissermos uma ressonância secreta; e a confiança recompensa essa plenitude. É um grande segredo o de saber fazer com que uma ideia se irradie graças a seu fundo feito de noite crepuscular. Outro segredo é o de fazer-lhe conservar, apesar desse fulgor, sua força de convergência.

O fracasso nos espreita, ou chega a ser sequer sentido? É hora de se refugiar no culto imutável, incondicionado, que havia inspirado o esforço. "Meu cérebro se transformou num retiro para mim", escreve Charles Bonnet. Acima do cérebro está aquilo a que ele se consagra, e o retiro, então, é de uma segurança toda especial. Mesmo à custa de muita dor, a criação é uma alegria, e, mais do que a criação, a veneração da ideia de onde ela procede.

De mais a mais, como observava Foch, "é com resíduos que se ganham as batalhas". Um fracasso em tal coisa é o que prepara para uma vitória em tal outra, para uma vitória, em suma, como fica assegurado a qualquer um que tenha mérito e faça esforço.

*

Quero assinalar um último efeito da submissão absoluta da qual acabo de tecer o elogio. Ela limita nossas pretensões não apenas pessoais, mas também humanas. A razão não pode tudo. Sua última ação, segundo Pascal, consiste em constatar seus limites. Ela o faz tão somente se ela se entregou à sua primeira lei, que não é sua verdade própria, encarada como propriedade ou como conquista, mas a Verdade impessoal e eterna.

Aqui, mais nenhuma limitação para a honra, pelo próprio fato de se haver renunciado à fatuidade. O mistério compensa. A fé substituída à busca arrasta o espírito em vastidões que ele jamais teria conhecido por si mesmo, e a luminosidade de seu próprio plano só tem a ganhar com o fato de que astros longínquos o obriguem a voltar o olhar para o céu. A razão tem por ambição apenas um mundo; a fé lhe dá a imensidão.

*

Não quero prolongar mais esse discurso. Tornar-se-á necessariamente a encontrá-lo, visto ser seu objeto o de assinalar onde está o todo.

Este todo, defendi-lhe os direitos com uma incapacidade de que tenho plena consciência e pela qual peço desculpas. Faço votos de que minhas sugestões no que toca a ele, por mais insuficientes que sejam, contribuam para trazer até ele melhores panegiristas e mais ardentes servidores.

A.-D. Sertillanges
Dezembro de 1934

INTRODUÇÃO

Encontra-se entre as obras de Santo Tomás uma carta a um certo frei João, onde são enumerados *Dezesseis Preceitos para Adquirir o Tesouro da Ciência*. Essa carta, seja ela autêntica ou não, pede para ser examinada em si mesma; ela não tem preço; gostar-se-ia de deixar gravados todos os seus termos no íntimo do pensador cristão. Acabamos de publicá-la mais uma vez na sequência das *Orações* do mesmo Doutor, nas quais se condensa seu pensamento religioso e transparece sua alma.[1]

Tivemos a ideia de comentar os *Dezesseis Preceitos* a fim de anexar-lhes o que pode vir a ser útil lembrar aos estudiosos modernos. Na prática, esse procedimento nos pareceu um tanto limitado, preferimos agir mais livremente. Mas a substância desse pequeno volume nem por isso deixa de ser totalmente tomista; nele se encontrará o que nos *Dezesseis Preceitos*, ou em algum outro escrito, o mestre sugere quanto aos caminhos por onde conduzir o espírito.

*

Este livrinho não tem a pretensão de substituir *As Fontes*; ele em parte faz referência a elas. O autor não esqueceu, não mais que muitos outros sem dúvida, a comoção de seus vinte anos, quando o padre Gratry estimulava nele o ardor pelo saber.

Numa época que tanto necessita de luz, vamos lembrar tão frequentemente quanto possível as condições que permitem obter-se luz e preparar sua difusão por meio de obras.

*

---

[1] *Les Prières de Saint Thomas d'Aquin* [As Orações de Santo Tomás de Aquino]. Tradução e apresentação de A.-D. Sertillanges. Paris, Librairie de l'Art Catholique.

Não se tratará aqui da produção em si mesma: seria o objeto de um outro trabalho. Mas a mente é sempre a mesma, quer ao propiciar o enriquecimento, quer ao proceder a um sábio dispêndio.

Devendo dizer mais para a frente que o dispêndio é nesse caso um dos meios da aquisição, não podemos duvidar da identidade dos princípios que tornam, em ambas as situações, nossa atividade intelectual fecunda.

É uma razão para ter a esperança de ser útil a todos.

CHANDOLIN, *15 de agosto de 1920*

CAPÍTULO I
A Vocação Intelectual

I. O INTELECTUAL É UM CONSAGRADO

Falar de vocação é referir-se àqueles que pretendem fazer do trabalho intelectual sua vida, quer por disporem de todo o seu tempo para dedicar-se ao estudo, quer por, estando comprometidos com ocupações profissionais, reservarem para si como um feliz complemento e uma recompensa o profundo desenvolvimento do espírito.

Digo profundo para descartar a ideia de tintura superficial. Uma vocação não se satisfaz de modo algum com leituras soltas e trabalhinhos esparsos. Trata-se de penetração e de continuidade, de empenho metódico com vistas a uma plenitude que responda ao chamado do Espírito e aos recursos que lhe agradou repassar-nos.

Esse apelo não deve ser prejulgado. Só se incorreria em contrariedades ao lançar-se num caminho onde não se pudesse avançar a passo firme. O trabalho é imposto a todos, e depois de uma primeira formação onerosa, ninguém estará agindo com sabedoria se deixar seu espírito retornar pouco a pouco a seu estado de indigência inicial. Mas uma coisa é a manutenção tranquila do que se adquiriu, outra coisa a retomada desde a base de uma instrução sabidamente provisória apenas, que se considera unicamente um ponto de partida.

É esse último estado de espírito que corresponde ao de um chamado. Ele implica uma resolução séria. A vida de estudo é austera e impõe pesadas obrigações. Ela traz compensações, por sinal, generosas; mas ela exige um investimento à altura de poucos. Os atletas da inteligência, tal como os do esporte, devem prever as privações, os longos treinos e uma tenacidade às vezes sobre-humana. É preciso entregar-se de todo o coração para que a verdade se entregue. A verdade só está a serviço de seus escravos.

Uma tal orientação não deve ser adotada antes de uma longa deliberação consigo mesmo. A vocação intelectual é como todas as demais: ela está inscrita em nossos instintos, em nossas capacidades, em não sei que impulso interior que a razão controla. Nossas disposições são como as propriedades químicas que determinam, para cada corpo, as combinações nas quais esse corpo pode entrar. Isso não pode ser dado. Isso vem do céu e da natureza primeira. Tudo é uma questão de ser obediente a Deus e a si mesmo depois de ter-lhes ouvido a voz.

Seguindo essa interpretação, o dito de Disraeli, "Façam o que lhes agradar, contanto que isso lhes agrade de fato", comporta um significado importante. O gosto, que está em correlação com as tendências profundas e com as aptidões, é um excelente juiz. Se Santo Tomás pôde dizer que o prazer qualifica as funções e pode contribuir para a classificação dos homens, isso deve levá-lo a concluir que o prazer pode também desvendar nossas vocações. É tão somente necessário perscrutar bem para dentro dessas profundezas onde o gosto e o impulso espontâneo se unem aos dons de Deus e sua providência.

Além do interesse imenso de se realizar plenamente a si mesmo, o estudo de uma vocação intelectual comporta um interesse geral ao qual ninguém pode se furtar.

A humanidade cristã é composta de personalidades diversas, dentre as quais nenhuma abdica sem empobrecer o grupo e sem privar o Cristo eterno de uma parte de seu reinado. O Cristo reina pelo seu desdobramento. Toda vida de um de seus "membros" é um instante qualificado de sua duração; todo caso humano e cristão é um caso incomunicável, único e por conseguinte necessário, da extensão do "corpo espiritual". Se alguém for designado como porta-luz, que não vá encobrir com um anteparo o brilho diminuto ou resplandecente que se espera dele na casa do Pai de família. Amem a verdade e seus frutos de vida, por si próprios e pelos outros; consagrem ao estudo e a seu uso a maior parte de seu tempo e de seu coração.

Todos os caminhos, exceto um, lhes são ruins, já que se afastam da direção onde sua ação é esperada e requisitada. Não sejam infiéis a Deus, a seus irmãos e a si próprios rejeitando um chamado sagrado.

Isso deixa pressupor que venham à vida intelectual com propósitos desinteressados, não por ambição ou tola vaidade. Os chamariscos da publicidade só tentam os espíritos fúteis. A ambição ofende a verdade eterna quando a transforma em sua subordinada. Brincar com as questões que dominam a vida e a morte, com a natureza misteriosa, com Deus, conseguir para si um destino literário ou filosófico em detrimento do verdadeiro ou fora do compromisso com o verdadeiro não seria um sacrilégio? Tais objetivos, o primeiro sobretudo, não dariam respaldo ao pesquisador; ver-se-ia prontamente o esforço esmorecer e a vaidade tentar se satisfazer com o vazio, sem preocupação com as realidades.

Mas isso deixa supor também que à aceitação do fim acrescentamos a aceitação dos meios, sem o que a submissão à vocação não teria muita seriedade. Muitos gostariam de saber! Uma vaga aspiração conduz as multidões em direção a horizontes que a maioria admira de longe, como o portador de gota ou de coqueluche o faz com as neves eternas. Obter sem pagar é o desejo universal; mas é um desejo de corações covardes e de cérebros enfermos. O universo não acorre ao primeiro sussurro, e a luz de Deus não aparece sob nossa lâmpada sem o rogo de nossa alma.

O senhor é um consagrado: queira o que quer a verdade; consinta, por ela, a mobilizar-se, a instalar-se nos setores próprios a ela, a organizar-se e, por ser inexperiente, a apoiar-se na experiência dos outros.

"Se a juventude soubesse!..." São os jovens principalmente que precisam desse aviso. A ciência é um *conhecimento pelas causas*; porém, ativamente, no que diz respeito a sua produção, ela é uma *criação pelas causas*. É preciso conhecer e adotar as causas do saber, em seguida instalá-las, e nao repelir a preocupação com os fundamentos até o momento de assentar a cobertura.

Nos primeiros anos de liberdade depois dos estudos, com a terra intelectual recém-revolvida e as sementes lançadas, quantas e quão belas culturas não se poderiam empreender! É o tempo que não se recuperará mais, o tempo sobre o qual repousará a vida mais tarde. Tal como ele terá sido, assim seremos nós, pois não se podem fincar novas raízes. Viver na superfície o castigará por ter negligenciado, a seu tempo, o futuro que sempre herda do passado. Que cada qual pense a respeito, enquanto pensar ainda pode vir a ser útil.

Quantos jovens, a pretexto de se tornarem trabalhadores, desperdiçam miseravelmente seus dias, suas forças, sua seiva intelectual, seu ideal! Ou eles não trabalham – têm tempo de sobra pela frente! – ou eles trabalham mal, por capricho, sem saber nem quem são, nem para onde querem ir, nem como se caminha. Aulas, leituras, amizades, dosagem do trabalho e do descanso, da solidão e da ação, da cultura geral e da especialização, sentido do estudo, arte de extrair e de empregar os dados adquiridos, realizações provisórias que anunciam o trabalho vindouro, virtudes a obter e a desenvolver, nada está previsto, nada alcançará a satisfação.

Contudo, que diferença, quando se sabe que dispõem dos mesmos recursos, entre aquele que sabe e que prevê, e aquele que vive só de improvisos! "O gênio é uma longa paciência", mas uma paciência organizada, inteligente. Não há necessidade de faculdades extraordinárias para realizar uma obra; estar um pouco acima da média já é o bastante; o restante é fornecido pela energia e por suas aplicações sensatas. É como o que se dá com um operário honesto, comedido e trabalhador: ele consegue, enquanto o inventor não passa às vezes de um ser fracassado e azedo.

*

Tudo o que aqui digo é válido para todos. Eu o aplico entretanto especialmente àqueles que sabem não dispor senão de uma parte de sua vida, a mais precária, para se dedicar aos trabalhos da inteligência. Esses devem, mais que os outros, ser consagrados. O que eles não podem distribuir ao longo de seu tempo de existência, terão de condensá-lo num curto espaço. O ascetismo especial e a virtude heroica do trabalhador intelectual deverão ser sua prática cotidiana. Mas se eles consentirem com essa dupla oferenda de si próprios, eu lhes digo, em nome do Deus da verdade, que eles não desanimem.

Se a genialidade não é indispensável para produzir, tanto menos necessário é ter plena liberdade. Bem melhor ainda, esta tem armadilhas que obrigações rigorosas podem ajudar a vencer. Uma correnteza comprimida entre margens estreitas se atirará mais longe. A disciplina exigida pela profissão é a melhor escola: ela é proveitosa para os lazeres de estudo. Sob pressão, nos concentraremos mais, aprenderemos o valor do tempo, nos refugiaremos com ímpeto nessas horas raras em que, o dever estando satisfeito, temos encontro com o ideal, em que gozamos da descontração numa ação que escolhemos, depois da ação imposta pela áspera existência.

O trabalhador que encontra assim no novo esforço a recompensa pelo esforço antigo, que o transforma em seu tesouro de avarento, é em geral um apaixonado; não se pode desprendê-lo do que fica assim consagrado pelo sacrifício. Se seu ritmo parece mais lento, ele tem como empurrá-lo mais adiante. Pobre tartaruga trabalhadeira, nada de entreter-se, só perseverança, e ao cabo de alguns poucos anos terá ultrapassado a lebre indolente cujo ritmo desimpedido causava inveja a seu andar penoso.

Avaliem o mesmo trabalhador isolado, privado de recursos intelectuais e de convívios estimulantes, enfiado em algum fim de mundo interiorano onde ele parece condenado a apodrecer, exilado longe das ricas bibliotecas, das aulas brilhantes, do público vibrante, possuindo apenas a si mesmo e obrigado a tirar tudo desses fundos inalienáveis.

Ora! Que este tampouco se desencoraje! Tendo tudo contra si, que ele preserve a si mesmo e que isso lhe baste. Um coração ardente tem mais chances de chegar lá, nem que seja em pleno deserto, do que um sujeitinho do *Quartier Latin* usando e abusando da fartura. Aqui, mais uma vez, da dificuldade pode brotar força. Só nos retesamos para conseguir melhor apoio nas montanhas nos trechos difíceis. As trilhas planas nos deixam relaxados e o relaxamento sem controle se torna depressa calamitoso.

O que vale acima de tudo é o querer, um querer profundo: querer ser alguém; chegar a alguma coisa; ser desde já, pelo desejo, esse alguém qualificado por seu ideal. No restante sempre se dá um jeito. Livros existem por toda parte e só bem poucos são indispensáveis. Relações, estímulos, podemos encontrá-los espiritualmente em nossa solidão: os grandes seres estão aí, presentes a quem os invocar, e os grandes séculos impulsionam por trás o pensador fervoroso.

Os cursos, aqueles que deles dispõem não os frequentam ou os frequentam mal se eles não tiverem neles mesmos algo que lhes permita abrir mão, caso necessário, desse privilégio. Quanto ao público, se às vezes ele nos excita, com frequência nos perturba, nos dispersa, e de que vale recolher uma moeda na rua se enquanto isso podemos estar perdendo uma fortuna? Mais vale a solidão apaixonada, onde cada grão tem uma produtividade de cem por um e cada raio de sol engendra as cores douradas do outono.

Santo Tomás de Aquino, vindo estabelecer-se em Paris e descobrindo a grande cidade de longe, disse ao frade que o acompanhava: "Irmão, eu daria tudo isso pelo comentário de Crisóstomo a São Mateus". Quando se experimenta sentimentos como esse, não importa onde se está nem de que se dispõe; está-se marcado pelo sinal; é-se um eleito do Espírito; só resta perseverar e confiar-se à vida tal como Deus a determina.

Jovem, o senhor que entende esse linguajar e que os heróis da inteligência parecem chamar misteriosamente, mas que receia estar despreparado, escute-me. O senhor dispõe de duas horas por dia? Pode comprometer-se a resguardá-las com todo o egoísmo possível, a empregá-las com todo o ardor possível, e, em seguida, destinado, também o senhor, ao *Reino de Deus*, é-lhe possível *beber o cálice* cujo sabor requintado e amargo estas páginas gostariam de dar-lhe a experimentar? Se a resposta for sim, tenha confiança. Mais do que isso, encontre repouso na certeza.

Obrigado a ganhar sua vida, pelo menos poderá ganhá-la sem ter de sacrificar, como acontece frequentemente, a liberdade de sua alma. Abandonado, isso só o arremessará com maior violência ainda rumo a seus nobres fins. A maioria dos grandes homens exerceram uma profissão. As duas horas que eu peço, muitos declararam que elas bastam para um destino intelectual. Aprenda a administrar esse pouco tempo; mergulhe todos os dias de sua vida na fonte que sacia e torna a dar sede.

Quer ajudar, a seu modo humilde, a perpetuar a sabedoria entre os homens, a colher a herança dos séculos, a fornecer ao presente as regras do espírito, a descobrir os fatos e as causas, a orientar os olhos inconstantes para as causas primeiras e os corações para os fins supremos, a reavivar se necessário a chama que declina, a organizar a propagação da verdade e do bem? É seu quinhão. Isso vale sem dúvida um sacrifício adicional e a manutenção de uma paixão exclusivista.

O estudo e a prática do que o padre Gratry chama de a *Lógica viva*, isto é, o desenvolvimento de nosso espírito, ou verbo humano, por seu contato direto ou indireto com o Espírito e o Verbo divino, esse estudo grave e essa prática perseverante lhe abrirão a entrada do santuário admirável. O senhor estará entre os que crescem, que adquirem e se preparam para os dons magníficos. O senhor também, um dia, se Deus quiser, encontrará um lugar na assembleia dos nobres espíritos.

II. O INTELECTUAL NÃO É UM ISOLADO

Uma outra característica da vocação intelectual consiste no fato de que o trabalhador cristão, que é um consagrado, não deve ser um isolado. Qualquer que seja a situação, por mais abandonado ou retirado que se suponha que esteja materialmente, ele não deve se deixar tentar pelo individualismo, imagem deformada da personalidade cristã.

A solidão vivifica tanto quanto o isolamento paralisa e esteriliza.

De tanto ser uma alma, acaba-se por deixar de ser um homem, diria Victor Hugo. O isolamento é inumano; pois trabalhar humanamente é trabalhar com o sentimento do homem, suas necessidades, suas grandezas, solidariedade que nos une numa vida intimamente partilhada.

Um trabalhador cristão deveria viver constantemente no universal, na história. Já que ele vive com Jesus Cristo, não pode dele separar as épocas, nem os homens. A vida real é uma vida una, uma vida de família imensa com a caridade por lei: se o estudo quer ser um ato de vida, não uma arte pela arte e uma monopolização do abstrato, ele deve deixar-se reger por essa lei de unidade cordial. "Rezamos diante do crucifixo" diz Gratry – devemos também trabalhar diante dele – "mas a verdadeira cruz não está isolada da terra".

O verdadeiro cristão manterá permanentemente diante dos olhos a imagem desse globo onde a cruz está fincada, onde os humanos necessitados erram e sofrem, e onde o sangue redentor, em filetes numerosos, procura vir a seu encontro. A porção de claridade que ele detém o reveste de um sacerdócio; o que ele quer alcançar com isso é uma promessa implícita de dom. Toda verdade é prática; a mais abstrata em aparência, a mais elevada, é também a mais prática. Toda verdade é vida, orientação, caminho em vista do fim humano. Eis porque Jesus Cristo disse como uma afirmação única: "Eu sou o caminho, a verdade e a vida".

Trabalhem pois sempre num espírito de utilização, como prega o Evangelho. Ouçam o gênero humano rumorejar a seu redor; identifiquem, em meio a todos, tais e tais, indivíduos ou grupos, de quem conhecem a indigência; descubram o que pode arrancá-los da noite, enobrecê-los, o que, de perto ou de longe, os salva. Não há santas verdades que não sejam as verdades redentoras, e não seria em vista de nosso trabalho como de tudo o mais que o Apóstolo disse: "A vontade de Deus é que sejais santos"?

Jesus Cristo precisa de nosso espírito para sua obra como ele precisava, sobre a terra, de seu próprio espírito humano. Tendo ele partido, nós lhe damos continuidade; temos essa honra incomensurável. Somos seus "membros", consequentemente seu espírito por participação, consequentemente seus cooperadores. Ele age por nós no exterior e por seu Espírito inspirador no interior como quando, estando vivo, agia no exterior por sua voz e no interior por sua graça. Nosso trabalho sendo uma necessidade dessa ação, trabalhemos como Jesus meditava, como ele se provia, para distribuir, nas fontes do Pai.

III. O INTELECTUAL PERTENCE A SEU TEMPO

E, depois, pensem que se todos os tempos são iguais perante Deus, se sua eternidade é um centro radiante onde todos os pontos da circunferência do tempo se apresentam a igual distância, o mesmo não se dá com os tempos e conosco, que residimos na circunferência. Estamos aqui, sobre a vasta roda, não em outro lugar. Se aqui estamos, é que Deus aqui nos colocou. Todo momento da duração nos diz respeito e todo século é nosso próximo, assim como todo homem. Essa palavra próximo, porém, é uma palavra relativa, que a sabedoria providencial especifica para cada um, e que cada um, em sua sabedoria submissa, deve especificar da mesma forma.

Eis-me, homem do século XX, contemporâneo de um drama permanente, testemunha de transtornos como talvez nunca o globo havia visto desde que surgiram os montes e que os mares foram perseguidos para dentro de seus antros. O que devo fazer por esse século resfolegante? Mais do que nunca o pensamento aguarda os homens e os homens o pensamento. O mundo está em perigo por falta de máximas de vida. Estamos num trem propelido a toda velocidade, sem nenhuma sinalização à vista, nenhum agulheiro. O planeta não sabe para onde está indo, sua lei o largou: quem vai lhe restituir o sol?

Ao dizer isso não tenciono restringir o campo da pesquisa intelectual e confiná-la no estudo exclusivamente religioso. Isso ficará claro. Já disse que toda verdade é prática, que toda verdade salva. Mas aponto um espírito, e esse espírito, do ponto de vista da ocasião atual como de modo geral, exclui o dilentantismo.

Ele descarta também uma determinada tendência arqueológica, um amor pelo passado que não dá a devida importância às dores do presente, um apreço dado ao passado que parece ignorar a presença universal de Deus. Todos os tempos não se equivalem, mas todos os tempos são tempos cristãos e há um que para nós e na prática os supera todos: o nosso. Com vistas a ele existem nossos recursos inatos, nossas graças de hoje e de amanhã, consequentemente também os esforços que devem trazer-lhe uma resposta.

Não vamos nos assemelhar àqueles que dão sempre a impressão de estar carregando os cordões do pano mortuário nos funerais de antigamente. Utilizemos o valor dos mortos para viver. A verdade é sempre nova. Como a relva da manhã recoberta de um delicado orvalho, todas as virtudes antigas têm vontade de reflorescer. Deus não envelhece. É preciso ajudar esse Deus a renovar não os passados sepultados e as crônicas extintas, mas a face eterna da terra.

*

Tal é o espírito do intelectual católico, tal sua vocação. Quanto mais cedo ele especificar esse dado geral pela descoberta do tipo de estudos aos quais deve se dedicar, melhor será.

Ouçam agora quais as virtudes que Deus lhe pede.

CAPÍTULO II

As Virtudes de um Intelectual Cristão

I. AS VIRTUDES COMUNS

Eu poderia dizer: a virtude contém a intelectualidade em potencial, pois, conduzindo-nos a nosso fim, que é intelectual, a virtude equivale ao supremo saber.

Daí se tirariam muitas coisas; daí se poderia até mesmo tirar tudo, pois a essa primazia da ordem moral está ligada a dependência relativa do verdadeiro, do belo, da harmonia, da unidade e do próprio ser no tocante à moralidade que fica assim aparentada com o primeiro princípio.

Mas eu prefiro seguir por uma estrada mais modesta.

As qualidades do caráter assumem em relação a todas as coisas um papel preponderante. O intelecto não é mais que uma ferramenta e a manipulação determinará seus efeitos. Para reger adequadamente a inteligência, não fica evidente que qualidades bem diferentes da própria inteligência são exigidas? Instintivamente todo espírito reto declara que a superioridade em qualquer setor inclui uma dose de superioridade espiritual. Para julgar de modo verdadeiro, é preciso ser grande.

Não haveria qualquer coisa de chocante em ver-se uma grande descoberta ser o feito de um patife? A candura de um homem simples ficaria com isso bastante magoada. Fica-se escandalizado com uma desunião que ofende a harmonia humana. Não se acreditam nesses joalheiros que vendem pérolas, mas não as usam. Viver bem junto da fonte sublime sem nada tomar emprestado de sua natureza moral, isso dá a impressão de ser um paradoxo. Usufruir do poder da inteligência e transformá-lo numa força isolada, numa "protuberância", é fácil desconfiar que se trata aí de um jogo perigoso, porque toda força isolada, em meio a um todo equilibrado, torna-se sua vítima.

Se o caráter chegar a perecer, é de se esperar, como decorrência, que o sentido das grandes verdades venha a sofrer consequências. O espírito, não estando mais sob controle, não encontrando mais seu nível, enveredará por declives escorregadios, e sabe-se que *um pequeno erro inicial chega grande ao final*. A força lógica poderá jogar mais para baixo aquele cuja alma deixou o discernimento sem proteções. Daí tantas quedas estrondosas, e tantos equívocos às vezes geniais, por parte de mestres desorientados.

A vida é uma unidade: seria muito surpreendente que se pudesse trabalhar numa de suas funções, em pleno desenvolvimento, em detrimento de outra, e que viver as ideias não nos ajudasse a percebê-las.

A que se deve essa unidade da vida? Ao amor. "Dize-me o que tu amas, eu te direi o que tu és." O amor é em nós o começo de tudo, e esse ponto de partida comum do conhecimento e da prática não pode deixar de tornar solidários, em certa medida, os retos caminhos de um e da outra.

A verdade vem aos que a amam, aos que se submetem a ela, e esse amor não ocorre sem virtude. Assim sendo, a despeito de suas possíveis taras, o gênio que está trabalhando já é virtuoso. Para completar sua santidade bastaria que ele fosse mais plenamente ele próprio.

O verdadeiro cresce na mesma terra que o bem; suas raízes se tocam. Se arrancados dessa raiz comum e por isso menos ligados à sua terra, um ou o outro padecem, a alma fica anêmica ou o espírito debilitado. Pelo contrário, ao alimentar o verdadeiro ilumina-se a consciência; ao fomentar o bem, guia-se o saber.

Praticando-se a verdade que já se sabe, passa-se a merecer aquela que se ignora. Passa-se a merecê-la na visão de Deus e também por meio de um mérito que já é um autocoroamento; uma vez que todas as verdades estão interligadas, e a homenagem prestada ao fato sendo a mais decisiva de todas, quando nós a prestamos à verdade da vida, nós nos aproximamos das luzes soberanas e do que delas depende. Basta eu embarcar no afluente e chegarei ao rio, e daí ao mar.

*

Examinemos mais de perto essa doutrina tão importante, de tamanha importância, aliás, que só para relembrá-la teria sido oportuno produzir este livrinho.

A virtude não é a saúde da alma? E quem ousará dizer que a saúde não interfere em nada na visão? Perguntem ao oculista. Um clínico inteligente não se limita a medir a curvatura do cristalino e a escolher armações de óculos, a receitar colírios ou lavagens oculares; ele se preocupa com seu estado geral, com sua dentição, com seu ritmo de vida, com suas vísceras. Não se surpreendam se esse médico especializado num único órgão já se ponha a interrogá-los sobre sua virtude.

A visão espiritual não é menos exigente.

Será que acreditam que pensamos apenas com a inteligência? Não passamos de um feixe de capacidades onde se toma para isso aqui ou para aquilo lá o instrumento apropriado? Nós pensamos "com toda a nossa alma", declarava Platão. Iremos dentro em pouco bem mais longe e diremos: com todo o nosso ser. O conhecimento diz respeito a tudo em nós, desde a ideia vital até a composição química da mínima célula. As desordens mentais de toda e qualquer natureza, os estados delirantes, as alucinações, as astenias e as hiperstenias, as desadaptações à realidade, sejam de que espécie forem, são provas concretas de que não é o espírito sozinho que pensa, e sim o homem.

Como farão para pensar adequadamente com uma alma doente, com um coração triturado pelos vícios, dilacerado pelas paixões, desorientado por amores violentos ou culpados? Há um estado de lucidez e um estado de cegueira da alma, dizia Gratry, um estado são e, consequentemente, sensato, e um estado insensato. "O exercício das virtudes morais", nos diz por sua vez Santo Tomás de Aquino, "virtudes pelas quais são refreadas as paixões, importa sobremaneira à aquisição da ciência".[1]

Mas isso é evidente! Reflitam comigo. De que depende antes de tudo o esforço da ciência? Da atenção, que define o campo da pesquisa, nos concentra nele e faz com que todas as nossas forças aí encontrem respaldo; em seguida, do julgamento que colhe o fruto da investigação. Ora, as paixões e os vícios

---

[1] VII *Physic.*, lib. 6.

relaxam a atenção, a dispersam, a desviam e prejudicam o julgamento por meio de rodeios cujos contornos foram atentamente perscrutados por Aristóteles e muitos outros depois dele.

Todos os psicólogos contemporâneos concordam a esse respeito e a evidência não deixa margem à menor dúvida. A "psicologia dos sentimentos" rege a prática, mas igualmente, em grande parte, o pensamento. A ciência depende de nossas tendências passionais e morais. Apaziguar-nos é isolar em nós o sentido do universal; retificar-nos é isolar o sentido do verdadeiro.

Vamos prosseguir nossa reflexão. Quais são os inimigos do saber? Obviamente a ininteligência: tanto que o que estamos dizendo dos vícios, das virtudes e de seu papel na ciência pressupõe sujeitos em pé de igualdade no restante. Mas, além da estupidez, que inimigos os senhores receiam? Não pensaram na preguiça, onde ficam soterrados os melhores entre os dons? Na sensualidade, que enfraquece e entorpece o corpo, embaça a imaginação, estupidifica a inteligência, dispersa a memória? No orgulho, que ora ofusca, ora entenebrece, que acata tão plenamente nossos próprios pontos de vista que podemos perder de vista o universal? Na inveja, que renega obstinadamente a luz aqui ao lado? Na irritação, que repele as críticas e se finca no erro?

Além desses obstáculos, o estudioso se elevará em maior ou menor grau em função de seus recursos e de seu meio; mas ele alcançará o nível de sua própria genialidade, de seu próprio destino.

Todas as taras mencionadas estimulam-se mais ou menos, por sinal, mutuamente; elas se entrecortam, se ramificam e todas estão para o amor do bem ou seu desprezo o que os filetes de água entrecruzados estão para a nascente. A pureza do pensamento exige a pureza da alma: eis uma verdade geral que nada poderá abalar. Que o neófito da ciência se deixe dela imbuir.

*

Prossigamos mais para cima e, já que falamos de nascentes, não vamos esquecer a primeira delas. A metafísica mais segura de todas nos ensina que, em seus graus culminantes, a verdade e o bem não só estão interligados como são idênticos.

Deve-se assinalar, para ser exato, que o bem de que se fala assim não é o bem moral propriamente dito. Para ir diretamente ao ponto, trata-se tão somente do que é desejável, mas uma guinada basta para ir-se de um ao outro.

O bem moral é apenas o desejável medido pela razão e proposto à vontade como um fim. Os fins são interdependentes. Todos eles dependem do último deles. É este último que alcança o verdadeiro e se identifica com ele. Associem essas proposições e verão que o bem moral, se não é idêntico à verdade de qualquer maneira, dela depende contudo através dos fins do querer. Há, pois, entre os dois, uma ligação frouxa ou então mais ou menos firme, porém indestrutível.

Não é de forma alguma pelo que há em nós de individual que acedemos à verdade: é em virtude de uma participação no universal. Esse universal, que é ao mesmo tempo vero e bom, nós não podemos honrar como verdadeiro, unir-nos a ele intimamente, descobrir seus rastros e submeter-nos poderosamente a seu domínio sem reconhecê-lo e servi-lo como sendo igualmente o bem.

Escalem a Grande Pirâmide por esses degraus gigantes que representam tão exatamente a ascensão para a verdade: se subirem pela aresta norte, conseguirão chegar ao topo sem se aproximar da aresta sul? Manter-se à distância do vértice é permanecer nos níveis baixos; distanciar-se dele é ir enviesado e tornar a descer. Assim o gênio da verdade tende por si mesmo a ir ao encontro do bem: se ele se afastar, será em detrimento de seu impulso rumo aos cumes.

Bem-aventurados os corações puros, disse o Senhor, *porque eles verão a Deus*. "Abraça a pureza de consciência", diz Santo Tomás a seu estudante; "não cesses de imitar o comportamento dos santos e dos homens de bem". A obediência da alma à fonte inefável e suas inclinações filiais e amorosas a deixam aberta à investida das luzes bem como à do fervor e da retidão. Amada e realizada enquanto vida, a verdade se revela enquanto princípio; vê-se conforme o que se é; participa-se da verdade participando do Espírito segundo o qual ela existe. As grandes intuições pessoais, as iluminações penetrantes provêm, em igualdade de valor, do aperfeiçoamento moral, do desapego de si e das banalidades habituais, da humildade, da simplicidade, da disciplina dos sentidos e da imaginação, da entrega à busca dos grandes fins.

Já não se trata aqui de demonstrar sua habilidade, de fazer brilhar suas aptidões como uma joia rara. O que se quer é entrar em comunicação com a origem da luz e da vida; aborda-se esse foco central em sua unidade, tal qual ele é; fica-se em adoração a ele, e renuncia-se ao que se mostra seu inimigo para que sua glória nos inunde. Não será isso tudo que significa em parte a famosa expressão: "Os grandes pensamentos vêm do coração"?

II. A VIRTUDE PRÓPRIA AO INTELECTUAL

Temos agora a certeza de que a virtude tomada em sentido geral é necessária à ciência, e que, quanto maior a retidão moral nela investida, mais fecundo será o estudo. Há entretanto uma virtude própria ao intelectual, e convém insistir-se nela, se bem que ela deva reaparecer com frequência no decorrer destas páginas.

A virtude própria ao homem de estudo é evidentemente a estudiosidade. Que não haja precipitação em julgar isso um tanto simplicista: nossos mestres nessa doutrina incluíram aí muitas coisas, e daí excluíram muitas outras.[2]

Santo Tomás classificava a estudiosidade sob a categoria da temperança moderadora, para indicar que, em si, o saber é sem dúvida sempre bem-vindo, mas que a constituição da vida nos pede para *temperar*, isto é, adaptar às circunstâncias e juntar às demais obrigações um apetite por conhecer que cai facilmente nos excessos.

Ao dizer excessos, refiro-me aos dois extremos. No reino da estudiosidade, dois vícios se opõem: a *negligência* de um lado, a *vã curiosidade* de outro. Não vamos nos deter aqui na primeira: se ela não for odiosa ao leitor na hora de fechar este livrinho, é porque ele terá se cansado no caminho ou porque nós teremos traçado muito mal o percurso. Mas não direi o mesmo acerca da *curiosidade*. Esta pode se aproveitar de nossos melhores instintos e viciá-los no exato instante em que simula estar satisfazendo-os.

---

[2] Vide Santo Tomás, *Suma Teológica*. IIª IIæ, q.167.

Já mencionamos os intuitos ambiciosos que desorientam uma vocação intelectual. Sem chegar a tanto, a ambição pode contudo alterar a estudiosidade e seus efeitos úteis. Uma ação ambiciosa no que diz respeito à ciência não é mais uma ação científica, e aquele que a comete não merece mais o nome de intelectual.

Qualquer outra finalidade pecaminosa pediria o mesmo veredicto.

Por outro lado, o estudo, mesmo que desinteressado e íntegro em si, nem sempre é oportuno. Se não o for, o sujeito da ciência esquece sua função de homem, e que intelectual é esse que não é um homem?

Outros deveres que não os do estudo são deveres humanos. O conhecimento tomado no absoluto é sem dúvida nosso bem supremo; mas o que dele se experimenta aqui fica com frequência subordinado a outros valores que lhe serão equivalentes sob os auspícios do mérito.

Um pároco do interior que se sacrifica por seus paroquianos, um clínico que desleixa a ciência para prestar primeiros socorros, um filho de família que ingressa numa profissão para ajudar os seus e assim renuncia a sua disponibilidade para se cultivar não estão profanando seu gênio interior, estão prestando homenagem a esse Verdadeiro que é juntamente com o Bem um único e mesmo Ser. Se eles agissem de outro modo, não ofenderiam menos a verdade do que a virtude já que, por um desvio, eles iriam contrapor a ela mesma a Verdade viva.

Veem-se, dessa forma, muitos curiosos da ciência que não temem sacrificar-lhe suas mais estritas obrigações. Não são mais cientistas, são diletantes. Ou então eles deixam de lado o estudo que corresponde a suas obrigações para prosseguir aquele que preenche seus desejos, e a desqualificação é a mesma.

Os que almejam ir mais alto do que suas forças lhes permitem e se expõem ao erro, os que estragam suas faculdades efetivas para adquirir outras ilusórias, são igualmente *curiosos* no sentido antigo. Dois dos dezesseis conselhos de Santo Tomás em matéria de estudo são a eles dirigidos: *"Altiora te ne quæsieris* – não procures acima de teu alcance". *"Volo ut per rivulos, non statim, in mare eligas introire* – quero que decidas entrar no mar pelos regatos, não diretamente". Conselhos preciosos, proveitosos para a ciência tanto quanto para a virtude por equilibrarem o homem.

Não sobrecarreguem o solo e não levantem a edificação além do que a base pode sustentar ou antes que ela esteja firme: seria fazer com que tudo desmoronasse.

Quem são os senhores? Até que ponto chegaram? Que fundamentos intelectuais têm a oferecer? Eis o que é determinante para suas sábias empresas. Para colher o grande, comecem plantando o pequeno, como dizem os especialistas florestais, e vem a ser este, só que em outras palavras, o conselho tomista. O sábio começa pelo início e só dá o passo seguinte depois de ter firmado o anterior. Esse é o motivo pelo qual os autodidatas têm tantos pontos fracos. Não se consegue começar sozinho pelo começo. Quando nos juntamos ao grupo em andamento, ele põe a nosso dispor etapas já superadas sem indicar o caminho para sua superação.

Por outro lado, o que é verdade para cada um quanto às etapas de seu desenvolvimento é verdade para cada um em relação aos outros. Não se deve superestimar-se, e sim avaliar-se. Aceitar-nos tais como somos é obedecer a Deus e preparar para nós vitórias seguras. Será que a natureza procura ir além do que pode? Tudo nela tem sua medida certa, sem esforço inútil e sem avaliação hipócrita. Cada ser age segundo aquilo de que dispõe quantitativa e qualitativamente, segundo sua natureza e sua força, e depois permanece em paz. Só o homem vive de pretensões e de tristeza.

Que ciência e que virtude ficam patentes no julgar-se corretamente e permanecer o que se é! Há um papel que só a nós cabe desempenhar e que convém desempenhar com perfeição, em vez de tentar forçar a sorte. Os destinos não são intercambiáveis. Ao procurar subir demais ou nos rebaixar, acabamos por nos perder. Caminhem em frente seguindo seu próprio ritmo, com Deus por guia.

Santo Tomás acrescenta a essas precauções necessárias a preocupação em não deter sua curiosidade nos objetos cá na terra em detrimento do objeto supremo. Tiraremos daí, mais adiante, uma consequência importante para a organização do trabalho;[3] mas, primeiramente, que o estudo não tome o lugar do

---

[3] Vide, adiante, "O campo do trabalho" – "A ciência comparada".

culto, da oração, da meditação direta sobre as coisas de Deus. Ele próprio é um ofício divino, conquanto sob forma de reflexo; ele procura e homenageia os "vestígios" criadores ou ainda as "imagens", de acordo com o que estiver investigando, a natureza ou a humanidade; mas ele deve ceder seu lugar, no devido tempo, ao contato direto. Se se esquecer disso, além de desconsiderar um dever de suma importância, a imagem de Deus no âmbito das coisas criadas forma uma barreira diante da nossa visão, e os vestígios não conseguem senão nos afastar para bem longe d'Aquele que eles atestam.

Estudar tanto que não mais se pratique a prece, o recolhimento, que não mais se leia nem a palavra sagrada, nem a dos santos, nem a das grandes almas, tanto que se caia no esquecimento de si mesmo e que, de tão concentrado nos objetos do estudo, se chegue a descuidar do hóspede interior, é um abuso e uma enganação. Supor que assim se progredirá e se produzirá mais equivale a dizer que o rio fluirá melhor se sua fonte secar.

A ordem do espírito deve corresponder à ordem das coisas. No real tudo se eleva ao divino, tudo dele depende, porque tudo dele provém. Na efígie do real em nós, as mesmas dependências se manifestam, a menos que tenhamos transtornado as relações do verdadeiro.

III. O ESPÍRITO DE ORAÇÃO

Essas disposições ficarão a salvo se, independentemente da devoção preexistente ao estudo, se cultivar no próprio trabalho o espírito de oração.

É novamente Santo Tomás que diz ao apaixonado pela ciência: "*Orationi vacare non desinas* – não abandones jamais a oração" e Van Helmont nos explica esse preceito por essas sublimes palavras: "Todo estudo é um estudo da eternidade".

A ciência é um conhecimento pelas causas, dizemos nós constantemente. Os detalhes não são nada; os fatos não são nada; o que importa são as dependências, as comunicações de influência, os laços, as trocas que constituem a vida da natureza. Ora, por trás de todas as dependências, há a dependência original; no nó de todos os laços, o Laço supremo; no topo das comunicações, a Fonte;

sob as trocas, o Dom; na sístole e na diástole do mundo, o Coração, o imenso Coração do Ser. Não deve o espírito a ele voltar-se continuamente e não perder por um minuto sequer o contato com o que é deveras o todo de todas as coisas e por conseguinte de toda ciência?

A inteligência não assume plenamente seu papel senão quando exerce uma função religiosa, isto é, quando cultua o verdadeiro supremo através do verdadeiro diminuído e disperso.

Cada verdade é um fragmento que expõe por todos os lados suas amarras; a Verdade em si mesma é una, e a Verdade é Deus.

Cada verdade é um reflexo: por detrás do reflexo e conferindo-lhe valor, está a Luz. Cada ser é uma testemunha; cada fato é um segredo divino: para além está o objeto da revelação, o herói do testemunho. Todo verdadeiro se destaca sobre o Infinito como sobre seu fundo de perspectiva; assemelha-se a ele; pertence a ele. Por mais que uma verdade particular ocupe o primeiro plano, as imensidões estão mais além. Poder-se-ia dizer: uma verdade particular não passa de um símbolo, um símbolo real, um sacramento do absoluto; ela representa, e é, mas não por ela própria; ela não basta a si própria; ela vive por empréstimo e morreria se abandonada à sua inconsistência.

Para a alma em pleno despertar, toda verdade é, pois, um ponto de encontro; o Pensamento soberano solicita a presença do nosso: deixaremos de comparecer ao sublime encontro?

A vida do real não se encontra por inteiro naquilo que se vê, naquilo que se analisa pela ciência. O real tem uma vida oculta, como Jesus, e essa vida é também uma vida em Deus; é como uma vida de Deus; é uma revelação de sua sabedoria pelas leis, de seu poder pelos efeitos, de sua bondade pelos proveitos, de sua tendência à propagação pelos intercâmbios e pelo crescimento: convém venerar e amar essa espécie de encarnação pelo próprio contato com Aquele que se encarna. Destacar esse "corpo de Deus" de seu Espírito é dele abusar, como é abusar do Cristo ver nele unicamente o homem.

A encarnação do Cristo resulta na comunhão, na qual não se dissociam o corpo, o sangue, a alma e a divindade do Salvador: a quase encarnação de Deus no ser, da Verdade eterna em cada caso do verdadeiro, deve resultar também num êxtase celeste, em lugar de nossas buscas distraídas e de nossas admirações banais.

Temos de optar por trabalhar sob a proteção das leis maiores e sob a Lei suprema. Nem o conhecimento, nem qualquer manifestação de vida deve ser apartada de suas raízes na alma e na realidade, onde o Deus do coração e o Deus dos céus se revelam e se unem. A unidade deve fazer-se entre nossos atos (incluindo-se o ato de aprender) e nossos pensamentos e nossas realidades primordiais. Em tudo, tenhamos a alma toda, a natureza toda, a duração toda e a própria Divindade conosco.

*

Para alcançar esse espírito de oração na ciência, não é, por sinal, necessário recorrer a nenhum encantamento misterioso. Esforço extrínseco algum é requerido. Sem dúvida a invocação a Deus e a sua intervenção especial encontram aqui seu lugar. Santo Tomás sempre orava antes de ditar ou de pregar; ele tinha composto com esse fim uma oração admirável:[4] o filho da ciência que balbucia procura com toda a espontaneidade a palavra que lhe falta no olhar divino. Mas na própria ciência, na ciência cristã, encontramos a banqueta na qual subiremos para erguer-nos mais perto de Deus e retomarmos o estudo com a alma mais esclarecida e como que providos dos dons do profeta.

Tudo o que instrui conduz a Deus por um caminho coberto. Toda verdade autêntica é, por si, eterna, e a eternidade que ela veicula orienta em direção àquela da qual ela é a revelação. Através da natureza e da alma, aonde afinal se pode ir, a não ser rumo a sua fonte? Se não se chegar lá, é porque se tomou um desvio durante o trajeto. Com um simples salto o espírito inspirado e direito transpõe os intermediários, e a toda pergunta que surge nele, quaisquer que sejam as respostas particulares que ele apresente, uma voz secreta responde: Deus!

Daí por diante é só deixar o espírito prosseguir em seu impulso de um lado, em sua atenção por outro lado, para que, entre o objeto de um estudo particular

---

[4] Vide *Les Prières de Saint Thomas d'Aquin*. Paris, Librairie de l'Art Catholique.

e aquele da contemplação religiosa, um vaivém se estabeleça em proveito de ambos. Num movimento arrebatado e não raro inconsciente, passa-se do *vestígio* ou da *imagem* a Deus, e daí, saltando com forças renovadas, volta-se aos rastros do divino Caminhante. O que se encontra é então comentado, enaltecido; vê-se aí um episódio de um imenso acontecimento espiritual; mesmo tratando de um nada, tem-se o sentimento de ser um frequentador de verdades perante as quais as montanhas são efêmeras; o Ser infinito e a duração infinita nos envolvem e nosso estudo é efetivamente "um estudo da eternidade".

IV. A DISCIPLINA DO CORPO

Como já dissemos, a doutrina da composição humana se opõe a uma dissociação das funções espirituais e das funções corporais, mesmo as mais estranhas, em aparência, ao pensamento puro. Santo Tomás concorda plenamente com este pensamento irônico de Aristóteles: "É tão ridículo dizer: só a alma entende, quanto dizer: ela constrói ou ela tece".[5] Ele próprio formula estas proposições aparentemente materialistas: "As diversas disposições dos homens às obras da alma se devem às diversas disposições de seu corpo".[6] "À boa compleição do corpo responde a nobreza da alma."[7]

Isso nada tem de surpreendente. O pensamento nasce em nós depois de longas preparações em que a máquina corporal em seu todo está em operação. A química celular é a base de tudo; as mais obscuras sensações preparam nossa experiência: esta é o produto do trabalho dos sentidos que elaboram lentamente suas aquisições e as fixam pela memória. É em meio a fenômenos fisiológicos, dando-lhes continuidade e sendo deles dependente, que o fato intelectual se produz. Ninguém pensa, mesmo que não esteja senão fazendo uso de uma ideia feita, sem evocar todo um conjunto de imagens, de emoções, de sensações, que são o caldo de cultura da ideia.

---

[5] Q. XIX *De Veritate*, art. I, arg. I.
[6] *De Memoria*, lect. I.
[7] In II *De Anima*, lect. 19.

Quando queremos suscitar um pensamento em alguém, quais são os meios de que dispomos? Apenas deste: produzir nele pela palavra, pelos sinais, estados de sensibilidade e de imaginação, de emoção e de memória, nos quais ele descobrirá nossa ideia e poderá torná-la sua. Os espíritos não se comunicam senão pelo corpo. Da mesma forma, o espírito de cada um não se comunica com a verdade e consigo mesmo senão pelo corpo. Tanto é que a mudança pela qual passamos da ignorância à ciência deve ser atribuída, segundo Santo Tomás, diretamente ao corpo e só "por acaso" à parte intelectual.[8]

Uma tal doutrina, constantemente retomada pelo Doutor, tão essencialmente, tão providencialmente moderna, não deve engendrar esta convicção segundo a qual, para pensar, sobretudo para pensar com ardor e sabedoria durante toda uma vida, é indispensável submeter ao pensamento não somente a alma e seus diversos poderes, mas também o corpo e todo o conjunto das funções orgânicas? Tudo, num intelectual, deve ser intelectual. As compleições física e mental, a substância homem, estão a serviço dessa vida especial que por certos ângulos parece tão pouco humana: vamos mantê-la livre de obstáculos! Vamos nos tornar uma harmonia cujo resultado será a conquista do verdadeiro.

Ora, existem aí duas coisas que se devem encarar, tanto uma como a outra, sem nenhum respeito humano, se bem que a primeira tenha a tendência de assustar os indivíduos espirituais com juízo pouco firme.

Antes de mais nada, não tenham vergonha de se preocupar em ter boa saúde.

Grandes gênios gozaram de uma saúde deplorável, e se Deus quiser que assim seja com os senhores, nem vamos mais tocar no assunto. Mas se for por sua própria opção, será um caso de *tentação de Deus* acarretando-lhes muita culpa. Estão certos, alunos dos gênios, de possuírem como eles vigor suficiente para sair em triunfo da luta permanente da alma contra a debilidade de sua carne? Nada indica que os próprios gênios não tenham visto suas taras fisiológicas desviar ou reduzir seus talentos. Não poucas anomalias intelectuais, nos mais bem dotados, se explicariam talvez dessa maneira, e a fraca produção de alguns teria a mesma explicação.

---

[8] Santo Tomás. Q. XXVI *De Veritate*, art. 3, ad 12m.

Em situação de igualdade de dons, é certo que a doença constitui-se num fator de séria inferioridade; ela diminui o rendimento; ela interfere na liberdade da alma nos momentos em que esta desempenha suas delicadas funções; ela distrai a atenção; ela pode falsear o raciocínio pelos efeitos da imaginação e da emotividade que o sofrimento provoca. Uma doença do estômago muda o caráter de um homem; seu caráter muda seus pensamentos. Se Leopardi não tivesse sido o aborto que foi, estaria ele incluído entre os pessimistas?

Consequentemente, quando se trata de levar uma vida elevada, não pensem estar rebaixando a discussão se se preocuparem, ao mesmo tempo que com o pensamento, com todos os seus substratos orgânicos. "Uma alma sã num corpo são" continua sendo o ideal. O pensador tem uma fisiologia especial; ele deve preservá-la e não hesitar em consultar o especialista nessa arte.[9]

Em todo caso, as recomendações costumeiras devem ser seguidas. Uma boa higiene equivale para os senhores a uma virtude quase que intelectual. Para nossos intelectuais modernos, em quem a filosofia é às vezes tão pobre, a higiene é rica: não a desprezem, ela enriquecerá sua filosofia.

Levem tanto quanto possível uma vida ao ar livre. É um fato comprovado que a atenção, esse nervo da ciência, está em estreita correlação com a respiração e, para a saúde geral, é sabido que a abundância de oxigênio é uma condição básica. Janelas abertas ou entreabertas dia e noite quando a prudência o permitir, sessões frequentes de respirações profundas, principalmente se combinadas com movimentos que as ampliem e as normalizem, passeios antes e depois do trabalho, ou até mesmo entremeados com ele de acordo com a tradição grega: eis aí práticas excelentes.

É importante trabalhar numa postura que libere os pulmões e não comprima as vísceras. É salutar interromper de vez em quando uma sessão de estudo aplicado para respirar profundamente, para se estirar em dois ou três movimentos ritmados que relaxam o corpo e o impedem de ficar, por assim dizer, todo moído e alquebrado. Descobriu-se que inspirar profundamente e

---

[9] Vide *Réveillé Parise: Physiologie et Hygiène des Hommes Livrés aux Travaux de l'Esprit* [Fisiologia e Higiene dos Homens Dedicados aos Trabalhos do Espírito], 1881.

se alçando sobre a ponta dos pés, em frente à janela aberta, é ainda mais eficaz. Invistam nisso tudo para não incorrer numa congestão de seus órgãos e sua consequente debilitação.

Uma sessão de exercícios por dia faz-se necessária. Lembrem-se do comentário do médico inglês: "Aqueles que não encontram tempo para fazer exercícios terão de encontrar tempo para ficar doentes". Se não puderem exercitar-se ao ar livre, há métodos alternativos excelentes. O de J.-P. Muller é um dos mais inteligentes, mas existem outros.[10]

Os trabalhos manuais amenos e descontraídos seriam igualmente preciosos para a mente e para o corpo. Nossos pais não o ignoravam, mas nosso século tornou-se desvairado e incapaz de respeitar a natureza; é por isso que a natureza se vinga. Programem seriamente suas férias uma vez por ano e, acessoriamente, no decorrer do ano. E não entendo com isso ausência total de trabalho, o que seria relaxante demais para faculdades já por si inconstantes, e sim predominância do repouso, do ar livre e do exercício em plena natureza.

Sejam cuidadosos com sua alimentação. Comida leve, simples, moderada quanto à quantidade e ao preparo lhes permitirá maior prontidão e liberdade no trabalho. Um pensador não passa sua vida em sessões de digestão.

Vigiem mais de perto ainda seu sono. Não invistam nele nem muito nem muito pouco. Muito, torna pesados, ensebados, espessos o sangue e o pensamento; muito pouco os expõe a prolongar ou a superpor perigosamente as excitações do trabalho. Observem-se. Em matéria de sono como a respeito da alimentação, encontrem a medida certa e tomem a firme resolução de mantê-la. Não há nesse ponto uma lei geral.

Globalmente, compreendam que o cuidado com o corpo, instrumento da alma, é para o intelectual uma virtude e uma sabedoria; Santo Tomás reconhece-lhe plenamente essas qualidades e inclui a sabedoria do corpo entre os elementos que contribuem para a beatitude temporal, que dá ensejo à outra.[11] Não se transformem em raquíticos, em fracassados que mais tarde se tornariam talvez

---

[10] J.-P. Muller, *Mon Système* [Meu Sistema]. Ed. Lafitte.
[11] *Contra Gentes*, III, cap. CXLI.

estupidificados, velhotes prematuros, logo imbecis avarentos do talento a eles confiado pelo Mestre.

*

Mas a preocupação com esse consorte corporal comporta também outros elementos. Nós nos referimos às paixões e aos vícios como sendo formidáveis inimigos do espírito. Estávamos então focados em seus efeitos psicológicos, nas perturbações que eles trazem ao juízo, à orientação do espírito, que eles transformam, ao chegar a determinado grau, em potência das trevas. Atualmente trata-se de seus efeitos corporais que tornam a ser, indiretamente, doenças da alma.

Ao se permanecer um guloso, um preguiçoso, um escravo do travesseiro e da mesa; ao se abusar do vinho, do álcool, do tabaco; ao se entregar a excitações insanas, a hábitos ao mesmo tempo debilitantes e enervantes, a pecados talvez periodicamente perdoados mas cujos efeitos se prolongam, como se poderá praticar a higiene cuja necessidade acabamos de defender?

Um amigo do prazer é um inimigo de seu corpo e se torna depressa um inimigo de sua alma. A mortificação dos sentidos é exigida em prol do pensamento e é a única apta a nos levar a este *estado de clarividência* de que falava Gratry. Se obedecerem à carne, estarão prestes a se tornar carne, enquanto têm de se tornar inteiramente espírito.

Por que se chama Santo Tomás de *Doutor angélico*? Seria unicamente por seu gênio alado? Não, é porque tudo nele ficava subordinado ao pensamento genial e santo, porque sua carne, originária das margens tirrenas, se havia revestido das alvuras do Carmo e do Hermon; porque, casto, sóbrio, fervoroso e alheio a qualquer excesso, ele era todo alma, "uma inteligência servida por órgãos", segundo a célebre definição.

A disciplina do corpo e sua mortificação, juntamente com os cuidados necessários dos quais, em si mesmas, elas constituem a melhor parte: tal é, trabalhadores cristãos, e sobretudo os senhores, homens jovens, uma das mais valiosas salvaguardas de seu porvir.

CAPÍTULO III

A Organização da Vida

I. SIMPLIFICAR

Para que tudo no estudioso esteja centrado no trabalho, não lhe basta organizar-se por dentro, definir sua vocação e administrar suas forças: falta ainda arrumar sua vida, e com isto quero dizer no tocante à ambientação, às obrigações, ao convívio e ao cenário.

Uma palavra se impõe aqui sobrepujando todo o restante: Simplifiquem. Os senhores têm uma viagem difícil pela frente: não se sobrecarreguem com bagagens. Pode ocorrer que não estejam propriamente no comando e, então, pensarão consigo próprios: de que adiantaria legislar? Errado! Dada uma mesma situação externa, um espírito de simplificação pode muito, e o que não se elimina exteriormente, sempre se pode eliminá-lo de sua alma.

Não atrelarás para arar o jumento com o boi, diz a Lei: o trabalho quieto e controlado não deve ficar associado aos trancos caprichosos e barulhentos de uma vida toda voltada para fora. Um certo ascetismo torna-se, também nesse aspecto, um dever para o pensador. Religiosa ou laica, científica, artística, literária, a contemplação não coaduna com liberdades de custo alto demais e com complicações. "Os grandes homens dormem em leitos pequenos", observa Henri Lavedan. O que se paga pelo gênio é a taxa do luxo. Os dez por cento para dispor desse privilégio não o arruinarão; não são eles que vão pagar, e sim, mais provavelmente, nossos defeitos, ou pelo menos nossas tentações, e o lucro será dobrado.

Para dar hospitalidade à ciência não são necessários móveis raros nem uma criadagem numerosa. Muita paz, um toque de beleza, algumas facilidades domésticas para poupar tempo, é tudo quanto é preciso.

Reduzam suas atividades sociais. Recepções, programas que implicam novas obrigações, cerimoniais de boa vizinhança, todo o complicado ritual de uma vida artificial, que tantos mundanos amaldiçoam no íntimo, não são compromissos que digam respeito a um trabalhador. A vida social é fatal para a ciência. A ideia e a ostentação, a ideia e a dissipação são inimigas mortais. Quando se pensa num gênio, nunca vem à mente uma imagem de ele participando de um jantar.

Não se deixem arrastar por essa engrenagem que suga pouco a pouco o tempo, as preocupações, as disponibilidades e as forças. Os preconceitos não são seus ditadores. Sejam os senhores mesmos seus próprios guias; obedeçam a suas convicções, não a rituais, e as convicções de um intelectual devem enfocar seu objetivo.

Uma vocação é uma concentração. O intelectual é um consagrado: que ele não vá se dispersar em futilidades cheias de exigências. Que ele jogue todos os seus recursos na fogueira da inspiração, como Bernard Palissy sacrificava sua mobília.

O trabalho e suas condições é tudo quanto importa. O gasto e os cuidados desperdiçados em ninharias encontrariam bem melhor uso na constituição de uma biblioteca para si, na programação de uma viagem instrutiva, de férias de descanso, de audições de música que refrescam a inspiração etc.

O que favorece sua obra é sempre oportuno; o que a entrava e os enreda tem de ser banido pois, além dos inconvenientes imediatos, os senhores ficam estimulados a procurar o lucro e desnorteiam dessa maneira seu esforço. O padre tem o direito de viver do altar e o homem de estudo de sua obra; mas não se reza a missa por dinheiro e não se deve, por dinheiro, pensar e produzir.

Se pertencerem aos que têm de ganhar a vida fora do trabalho pelo qual optaram, de que modo, ficando sua vida sobrecarregada, preservarão os senhores as parcas horas de que dispõem? É o caso de reduzir o lado material ao mínimo a fim de aliviar, de liberar o espírito.

A esse respeito, a esposa de um intelectual tem uma missão que cabe talvez assinalar: é tão frequente ela se esquecer que, em vez de ser a Beatriz, só consegue tagarelar e levar à distração!

Toda mulher deve desposar a carreira do marido; o centro de gravidade da família é sempre a ocupação do pai. Aí está situada a vida produtiva, por conseguinte também o dever fundamental. Mas isso é tanto mais verdadeiro quanto mais nobre e laboriosa for a carreira que ele abraçou. A vida em comum tem aqui por centro um cume; a mulher deve nele se instalar, em lugar de tentar afastar dele o pensamento viril. Arrastá-lo para bobagens sem relação com suas aspirações é fazer o marido perder o apetite por ambas as vidas que se contradizem entre si. Que a filha de Eva pense nisso e não dê razão mais do que é estritamente necessário ao *"divisus est"* de São Paulo. Se o homem casado é, de certa forma, "dividido", que ele se torne também "dobrado". Deus lhe deu *uma ajuda semelhante a si*: que ela não se torne *outra*. Os conflitos ocasionados pela incompreensão da alma gêmea são fatais à produção; eles levam o espírito a viver numa inquietação que o corrói; não lhe sobra nenhum entusiasmo e nenhuma alegria, e como poderia um pássaro voar sem suas asas, o pássaro e a alma sem seu canto?

Que a guardiã do lar não seja, assim, o gênio maldoso, que ela seja a musa. Tendo desposado uma vocação, que também ela tenha vocação. Realizar por si ou pelo marido, tanto faz! Ela tem de realizar, contudo, já que ela constitui com aquele que realiza uma só carne. Sem precisar ser uma intelectual, menos ainda uma mulher de letras ou uma metida a literata, ela pode produzir bastante ajudando seu marido a produzir, obrigando-o a controlar-se, a dar o máximo de si, ajudando-o a reerguer-se na hora das inevitáveis quedas, endireitando-o quando ele vacilar, consolando-o das decepções sem muita insistência para não ressaltá-las, acalmando-o na aflição, tornando-se sua grata recompensa depois da labuta.

Ao fim do trabalho, o homem está como que ferido; ele precisa ser abraçado e apaziguado: nada de pôr-se a pressioná-lo; deve-se relaxá-lo e encorajá-lo; que se demonstre interesse pelo que ele faz; que se dê apoio no momento em que ele estiver esmagado por um desgaste talvez excessivo, em suma, que se assuma o papel de mãe para ele, e esse indivíduo cheio de força, que se tornou um verdadeiro frouxo, sentirá seu vigor ressurgir para enfrentar novos tormentos.

Quanto aos filhos, eis uma doce complicação que deve ter a função de fazê-lo recobrar a coragem de preferência a despojá-lo parcialmente de seu ânimo. Eles tomam-lhe muito para si mesmos, esses pequeninos, e de que serviriam eles se não conseguissem de vez de quando "deixá-lo maluco"? Mas eles lhe dão energia na mesma medida, ou quem sabe até mais, do que aquela que gastam; eles podem alçar sua inspiração ao misturá-la com alegria; eles lhe espelham amorosamente a natureza e o homem, e o defendem assim da abstração; eles o trazem de volta ao real sobre o qual seus olhos inquisitivos lhe pedem um comentário acurado. Sua fronte pura lhe apregoa a integridade, essa irmã do saber, e sua facilidade em acreditar, em ter esperança, em sonhar alto e em tudo esperar da paternidade que os guia não é também para o senhor, pensador, uma elevação e uma razão para ter esperança? É-lhe dado ver uma imagem de Deus e um sinal de nossos destinos imortais nesse retrato do porvir.

Os que renunciaram à família no intuito de se entregar por inteiro à sua obra e Àquele que a inspira estão no direito de se felicitar, atribuindo o devido apreço às liberdades que são conferidas por esse sacrifício. Esses pensarão em seus irmãos cheios de incumbências repetindo-se a observação bem-humorada de Lacordaire acerca de Ozanam: "Há uma armadilha que ele não soube evitar, o casamento". Mas o trabalhador comprometido num relacionamento pode e deve fazer desse relacionamento uma força, uma motivação para sua obra e uma das formas de seu ideal.

II. CONSERVAR A SOLIDÃO

Na organização da vida, o ponto essencial a resguardar e em vista do qual se opta por todo o restante são as medidas a serem tomadas interna e externamente em prol da solidão. Santo Tomás atribui-lhe tamanha importância que dos dezesseis conselhos ao intelectual, sete ele dedica aos relacionamentos e ao retiro. "Quero que sejas lento para falar e lento para dirigir-te ao parlatório." "Não te inquiras de nenhum modo sobre os atos de outrem." "Mostra-te amável para com todos", mas "não sejas familiar demais com ninguém, pois familiaridade demais gera desprezo e dá ensejo a muitas distrações". "Não te imiscuas de nenhum modo em palavras e ações seculares." "Evita acima de tudo os deslocamentos inúteis." "Ama tua cela, se queres ter acesso ao celeiro de vinhos."

O celeiro de vinhos de que aqui se fala, alusivamente ao *Cântico dos Cânticos* e ao comentário de São Bernardo, é o abrigo secreto da verdade, cujo cheiro atrai de longe a Esposa, isto é, a alma ardente; é o refúgio da inspiração, o lar do entusiasmo, do gênio, da invenção, da busca calorosa, é o palco dos jogos do espírito e de sua sábia embriaguez.

Para ingressar nessa morada, deve-se deixar de lado as banalidades, deve-se praticar o retiro, cuja cela monástica é o símbolo. "Nas celas, como ao longo dos grandes corredores", escreve Paul Adam (*Dieu* [Deus], pág. 67), "o silêncio assemelha-se a uma pessoa magnífica, trajada da brancura das paredes, a velar". Que está ela a velar, senão a prece e o trabalho?

Sejam, pois, lentos para falar e lentos para ir ao local onde se fala porque muitas palavras fazem o espírito *esvair-se como água*; paguem com sua cortesia para com todos o direito de frequentar verdadeiramente apenas aqueles poucos com quem o relacionamento é proveitoso; evitem, mesmo com esses, uma familiaridade excessiva que rebaixa e desorienta; não corram atrás das novidades que ocupam o espírito em vão; não cuidem de ações e de conversas *seculares*, isto é, sem repercussão moral ou intelectual; evitem os trâmites inúteis que desperdiçam as horas e favorecem a ociosidade do pensamento. Tais são as condições do recolhimento sagrado. Só assim é possível aproximar-se dos segredos reais que fazem a felicidade da Esposa; só mediante esse comportamento é possível apresentar-se com todo o respeito diante da verdade.

O retiro é o laboratório do espírito. A solidão interior e o silêncio são suas duas asas. Todas as grandes obras foram preparadas no deserto, inclusive a redenção do mundo. Os precursores, os continuadores e o Mestre se submeteram ou devem se submeter à mesma lei. Profetas, apóstolos, pregadores, mártires, pioneiros da ciência, inspirados de todas as artes, simples homens ou Homem-Deus, todos pagam um tributo ao isolamento, à vida silenciosa, à noite.

É durante a noite astral e dentro de sua vacuidade solene que o universo foi sovado pelo Criador: aquele que quiser desfrutar das alegrias da criação não deve apressar-se em pronunciar o *fiat lux* — faça-se luz — nem sobretudo em passar em revista todos os bichos do mundo; sob as sombras propícias, que ele tome, como Deus, todo o tempo de que precisar para preparar a matéria dos astros.

Os mais belos cantos da natureza ressoam à noite. O rouxinol, o sapo com voz de cristal e o grilo cantam à sombra. O galo proclama o dia e não fica a esperá-lo. Todos os anunciadores, todos os poetas, e também os catadores e pescadores de verdades avulsas, têm de mergulhar na grande vacuidade que é uma plenitude.

Nem um grande homem sequer tentou escapar disso. Lacordaire dizia que ele tinha feito para si em seu quarto, entre sua alma e Deus, "um horizonte mais vasto que o mundo" e tinha conseguido obter para si "as asas do repouso". Emerson se proclamava "um selvagem". Descartes se trancava em seu "forno". Platão havia declarado que ele consumia "mais azeite em sua lâmpada do que vinho em seu cálice". Bossuet levantava-se à noite para seu encontro com o gênio do silêncio e da inspiração; os grandes pensamentos não lhe vinham senão longe do barulho e dos problemas fúteis. Não tem todo poeta a impressão de estar meramente traduzindo, em seus versos, as misteriosas revelações do silêncio, que ele ouve, segundo a expressão de Gabriele d'Annunzio, como "um hino sem voz"?

O que realmente conta deve erguer uma barreira entre si e o que não conta. A vida banal e os *ludibria* de que falava Santo Agostinho, os jogos e as brigas de criança que um beijo acalma, devem cessar sob o beijo da musa, sob a carícia inebriante e apaziguante da verdade.

"Para que tu vieste" perguntava a si próprio São Bernardo acerca da clausura: *ad quid venisti*? E o senhor, pensador, para que veio a essa vida fora da vida comum, essa vida de consagração, de concentração, e, em decorrência, de solidão? Não teria sido em virtude de uma escolha? Não houve uma preferência pela verdade à mentira cotidiana de uma vida dispersiva, ou até mesmo às preocupações elevadas, conquanto secundárias, voltadas para a ação? Assim sendo, como mostrar-se infiel a seu culto, deixando-se ser absorvido pelo que optou livremente por descartar?

Para que o Espírito nos leve para as solidões interiores, como Jesus para o deserto, temos de lhe ofertar as nossas. Sem recolhimento não há inspiração. Mas sob o círculo de luz da lâmpada, como num firmamento, todos os astros do pensamento se reúnem.

*

Quando a tranquilidade do silêncio sobe em nós e o fogo sagrado crepita por si, bem afastado da barulheira das estradas, e quando a paz, que é *a tranquilidade da ordem*, instaura a ordem das ideias, dos sentimentos, das investigações, estamos na disposição máxima para a aprendizagem, podemos juntar e, a seguir, criar; estamos literalmente ao pé da obra: não é hora de dar ouvidos a choradeiras, de cuidar da vidinha enquanto o tempo voa e de vender o céu a troco de quase nada.

A solidão lhes proporciona o contato consigo próprios, contato tão indispensável se quiserem realizar-se, a si próprios, e não ser mais o papagaio de um punhado de fórmulas que aprenderam, e sim o profeta do Deus interior que com cada um fala uma linguagem única.

Vamos retomar com vagar essa ideia de uma instrução especial conferida a cada um, de uma formação que é uma *educação*, isto é, uma expansão de nossa alma, alma única e que não teve nem terá uma igual a ela através dos séculos, pois Deus não se repete. Mas é preciso ter consciência de que não se pode sair assim de si a não ser quando se está vivendo consigo mesmo, de muito perto, na solidão.

O autor da *Imitação* dizia: "Nunca estive entre os homens sem ter de lá regressado menos homem". Levem a ideia mais adiante e digam: que não tenha de lá regressado menos homem do que sou, menos eu mesmo. Na multidão, nós nos perdemos, a menos que nos seguremos com firmeza, e primeiro é necessário criar essa amarra. Na multidão, nós nos ignoramos, estando atravancados por um *eu* estranho a nós que é múltiplo.

"Qual é teu nome? – Legião": esta seria a resposta do espírito dispersivo e dissipado em sua vida exterior.

Os higienistas recomendam para o corpo o banho de água, o banho de ar e o banho interior de água pura. Eu acrescentaria para a alma o banho de silêncio, a fim de tonificar o organismo espiritual, de acentuar sua personalidade e de lhe dar um sentimento ativo dela, como o atleta sente seus músculos e prepara o jogo destes pelos movimentos internos que são a própria vida da musculatura.

Disse Ravignan: "A solidão é a pátria dos fortes, o silêncio é sua prece". Que prece à Verdade, de fato, e que força de cooperação para sua influência, num recolhimento prolongado, frequentemente retomado, a horas certas, como que para um encontro marcado que se tornará pouco a pouco uma continuidade, um convívio plenamente partilhado! Não se pode, diz Santo Tomás, contemplar o tempo todo; mas aquele que vive apenas para a contemplação, que norteia em sua direção todo o restante e a retoma assim que o consegue, lhe dá uma espécie de continuidade, tanto quanto é possível sobre a terra.[1]

A serenidade também terá aí participação, pois a "cela onde nos detemos de modo adequado se torna doce: *cella continuata dulcescit*". Ora, a doçura da contemplação faz parte de sua eficácia. O prazer, explica Santo Tomás, aperta a alma contra seu objeto, tal como uma ferramenta de serrar; ele reforça a atenção e expande as capacidades de aquisição, que a tristeza ou o tédio comprimiriam. Quando a verdade captá-los e a penugem de sua asa docemente se colocar sob sua alma para erguê-la em harmoniosos impulsos, é hora de elevarem-se com ela e de planarem, enquanto ela os sustentar, nas altas regiões.

Nem por isso os senhores se tornarão os isolados que nós condenávamos; não estarão mais distantes de seus irmãos por terem se afastado do barulho que eles fazem e que os separa deles espiritualmente, impedindo assim a verdadeira fraternidade.

O próximo, para o senhor, intelectual, é o ser que necessita da verdade, como o próximo do bom Samaritano era o ferido na estrada. Antes de dar a verdade, adquira-a, e não jogue fora o grão de sua semeadura.

Se a palavra da *Imitação* é verdadeira, longe dos homens se será mais homem e se estará mais com os homens. Para conhecer a humanidade e para servi-la, é preciso entrar para dentro de si, lá onde todos os nossos objetos

---

[1] *Suma Teológica* Iª IIæ, q. 3, art. 2, ad. 4m.

ficam em contato conosco e tomam de nós quer nossa força da verdade, quer nossa potência do amor.

Unir-se ao que quer que seja só pode ocorrer na liberdade interior. Deixar-se dominar, perturbar, seja por pessoas ou coisas, é trabalhar pela desunião. Longe dos olhos, perto do coração.

*

Jesus bem nos mostra que se pode estar voltado inteiramente para dentro e inteiramente entregue aos outros, inteiramente aos homens e inteiramente em Deus. Ele preservou sua solidão. Ele não tocou na multidão a não ser com uma alma de silêncio cuja palavra é como a porta estreita para as trocas da caridade divina. E que eficiência soberana, nesse contato que reservava tudo, exceto o ponto preciso pelo qual Deus podia passar e as almas podiam ir a seu encontro!

Não deveria precisamente haver lugar, entre Deus e a multidão, senão para o Homem-Deus e para o homem de Deus, para o homem da verdade e do dom. Aquele que se crê em união com Deus sem estar em união com seus irmãos é *um mentiroso*, diz o apóstolo; não passa de um falso místico e, intelectualmente, um falso pensador; mas aquele que está unido aos homens e à natureza sem estar unido a Deus em segredo, sem ser freguês do silêncio e da solidão, não é mais do que o súdito de um reino de morte.

III. COOPERAR COM SEUS SEMELHANTES

Todas as nossas explicações bem mostram que a solidão cujo elogio acabamos de tecer é um valor que deve ser temperado por valores conexos, que o completam e o utilizam. Não defendemos a solidão à toa. O sacrifício dos relacionamentos e da simpatia de nossos irmãos vale uma compensação. Temos direito tão somente ao *esplêndido isolamento*. Ora, este não será tão mais rico e tão mais fecundo que o convívio superior buscado no retiro será favorecido por relacionamentos escolhidos e medidos com sabedoria?

O primeiro relacionamento do intelectual, aquele que o qualificará segundo o que ele é, sem prejudicar suas necessidades e seus deveres de homem, é o relacionamento com seus iguais. Eu disse relacionamento, mas preferiria dizer cooperação, pois relacionar-se sem cooperar não é agir de maneira intelectual. Porém, quão rara é uma tal conjunção de espíritos, nessa época de individualismo e de anarquia social! O padre Gratry o deplorava. Ele sonhava com Port-Royal e queria fazer do Oratório "um Port-Royal menos o cisma". "De quanto trabalho poderíamos nos poupar", dizia ele, "se soubéssemos unir-nos ou entreajudar-nos! Se, em grupos de seis ou sete, partilhando o mesmo modo de pensar, procedêssemos por ensinamento mútuo, tornando-nos recíproca e alternadamente aluno e mestre; se até, por não sei que feliz concurso de circunstâncias, pudéssemos viver juntos! Se além das aulas da tarde e dos estudos dessas aulas, conversássemos no fim do dia, até mesmo à mesa, de todas essas belas coisas de modo a aprender mais sobre elas pela troca e infiltração de ideias do que pelas próprias aulas!"[2]

As oficinas de outrora, e sobretudo as oficinas de arte, constituíam-se em amizades, em famílias: a oficina de hoje é um cárcere, ou então um *meeting*. Mas não chegaremos a ver, sob a premência da necessidade que pesa cada vez mais a nosso redor, esse ateliê familial ampliado, aberto para fora, e não menos concentrado do que antigamente? Seria o momento certo para conceber e fundar a oficina intelectual, associação de trabalhadores igualmente entusiasmados e zelosos, livremente associados, vivendo na simplicidade, na igualdade, nenhum deles tentando se impor aos demais, mesmo que possuísse uma superioridade acatada por todos e que lhes fosse de grande valia. Alheios a rivalidades e ao orgulho, procurando apenas a verdade, os amigos assim reunidos seriam, se me é permitida a expressão, multiplicados um pelo outro, e a alma em comum comprovaria uma riqueza para a qual não haveria explicação suficiente em parte alguma.

É preciso ter uma alma tão forte para trabalhar sozinho! Ser por si só seu grupo social intelectual, seu incentivo, seu respaldo, encontrar num pobre querer

---

[2] *Les Sources* [As Fontes], primeira parte, cap. VI, 54.

isolado tanta força quanto pode haver num movimento de massa ou na dura necessidade, que heroísmo! Tem-se primeiro o entusiasmo, depois, à medida que surgem as dificuldades, o demônio da preguiça nos diz: Para quê? Nossa visão do objetivo se enfraquece; os frutos estão muito longínquos ou nos parecem amargos; temos a vaga sensação de estar sendo enganados. É certo que o apoio de outrem, os intercâmbios e o exemplo seriam contra esse *spleen* de uma eficácia admirável; eles supririam em muitos indivíduos a deficiência no poder de imaginação e na constância de virtude de que só alguns dispõem e que são entretanto indispensáveis ao prosseguimento perseverante de um grande fim.

Nos conventos onde não há conversas nem visitas, a influência de uma fileira de celas laboriosas anima e ativa contudo cada asceta; esses alvéolos aparentemente isolados constituem uma colmeia; o silêncio é coletivo e o trabalho conjunto; a concordância das almas ignora as muralhas; um mesmo espírito paira, e a harmonia dos pensamentos releva cada um deles como um motivo de sinfonia que a corrente geral dos sons sustenta e prolonga. Quando em seguida as trocas intervêm, o concerto se enriquece; cada qual expressa e escuta, aprende e instrui, recebe e dá, recebendo ainda mais segundo o que der, e talvez este último aspecto da cooperação possa ser o mais invejado.

A amizade é uma maiêutica; ela extrai de nós nossos mais ricos e nossos mais íntimos recursos; ela faz com que se abram as asas de nossos sonhos e de nossos obscuros pensamentos; ela controla nossos julgamentos, experimenta nossas ideias novas, entretém o ardor e inflama o entusiasmo.

Há exemplos disso hoje em dia nos grupos de jovens e nas revistas de jovens, em que adeptos convictos assumem uma tarefa e se dedicam a uma concepção. Os *Cahiers de la Quinzaine* nasceram desse voto, a *Amitié de France*, a *Revue des Jeunes*, as *Revues de Juvisy et du Saulchoir* ficam dele cada dia mais imbuídas. Lá não se convive o tempo todo, mas se trabalha com um mesmo ânimo e se chega a um acordo, se emenda, se é a um só tempo preservado e provocado por um ambiente para o qual o essencial provém de um pensamento inovador ou de uma grande tradição.

Tentem, se puderem, agregar-se a uma irmandade desse tipo, ou até constituir uma se necessário for.

Em todo caso, mesmo em pleno isolamento material, procurem em espírito a convivência com os amigos da verdade. Unam-se ao grupo deles, sintam-se fraternalmente ligados com eles e com todos os pesquisadores, todos os produtores que a cristandade congrega. *A Comunhão dos Santos* não é um falanstério, entretanto ela é uma unidade. "*A Carne* – por si só – *não serve para nada*"; o espírito, por si só, pode alguma coisa. A unanimidade útil consiste menos em estar junto em um refúgio ou em um grupo catalogado do que em se esforçar, cada um, com a sensação de que outros também se esforçam, para se concentrar, onde se estiver, outros também estando em concentração, de tal maneira que uma tarefa se cumpra, que um mesmo princípio de vida e de atividade esteja na liderança, e que os componentes do relógio, para cada um dos quais um artesão em seu domicílio volta uma atenção exclusiva, tenham Deus por montador.

IV. CULTIVAR OS RELACIONAMENTOS NECESSÁRIOS

Disse eu também que a solidão do pensador não implica a exclusão de seus deveres, nem o esquecimento de suas necessidades. Há relacionamentos necessários. Já que são necessários, fazem parte de sua vida, mesmo enquanto intelectuais, já que não apartamos o intelectual do homem. Cabe aos senhores ligá-los à intelectualidade de tal modo que não apenas eles não a entravem, mas também lhe prestem serviço.

Isso sempre é possível. O tempo dado ao dever ou à precisão real nunca é perdido; a preocupação que aí se investe é parte da vocação e só se tornaria um inimigo da vocação se considerássemos esta última abstratamente, fora do âmbito da providência.

"Não se deve acreditar", escreve Maine de Biran em seu diário, "que o único e o melhor aproveitamento do tempo consiste num trabalho de espírito regular, constante e tranquilo. Todas as vezes que agimos bem, em conformidade com nossa situação atual determinada, estamos fazendo um bom uso da vida".

Não se ponham a pensar que sua obra vale mais que os senhores mesmos, e até que um acréscimo de possibilidades intelectuais pode prevalecer sobre o acabamento de seu ser. O que se deve e o que é necessário, façam-no; se sua humanidade o exige, ela saberá se arranjar consigo mesma. O bem é irmão do verdadeiro: ele auxiliará seu irmão. Estar onde se deve estar, lá fazer o que se deve, é preparar a contemplação, alimentá-la, e abandonar Deus por Deus, como dizia São Bernardo.

É penoso sacrificar belas horas por relações e trâmites em si mesmos inferiores a nosso ideal; mas já que o transcurso desse mundo afinal de contas é feito para se aliar à virtude, é preciso pensar que a virtude acabará satisfeita, seja a virtude intelectual ou a virtude moral. Em certos dias, será unicamente através da moralidade que a intelectualidade considerará que a jornada foi ganha apesar de suas virtuosas concessões; em outras ocasiões, será por si própria.

Pois não se esqueçam de que nos convívios, mesmo corriqueiros, sempre encontrarão o que colher. Isolamento demais os empobreceria. Alguém escreveu recentemente: "A dificuldade dos romancistas em nossos dias me parece ser a seguinte: se eles não frequentam a sociedade, seus livros são ilegíveis, e se a frequentam, eles não têm mais tempo para escrevê-los". Angústia da medida certa, que reaparece por toda parte! Mas sejam os senhores romancistas ou não, bem sentem que não podem fechar-se totalmente. Os próprios monges não o fazem. É preciso preservar, com vistas no trabalho, o sentimento da alma comum, da vida, e como poderiam tê-lo se, estando com a comunicação cortada com os humanos, não se ativessem mais senão a uma humanidade de sonhos?

O homem por demais isolado se torna tímido, abstraído, um tanto esquisito; ele cambaleia no real como um marinheiro recém-desembarcado; ele não tem mais o senso do destino; ele parece olhar para outrem como uma "proposição" a ser inserida num silogismo, ou como um caso a ser anotado na caderneta de apontamentos.

A riqueza infinita do real tem também muito a nos instruir; é preciso frequentá-la com espírito contemplativo, porém não desertá-la. E no real, o que há de mais importante para nós não é o homem, o homem centro de tudo, fim último de tudo, espelho de tudo e que convida o pensador de todas as especialidades a um confronto permanente?

*

Na medida em que se tiver opção, é preciso regrar-se de modo a estar tanto quanto possível nas imediações de pessoas superiores. A isso também a mulher do intelectual deve estar atenta. Que ela não abra a porta de sua casa às cegas; que seu tato seja tal qual um crivo; em vez da companhia das altas rodas, que ela estime a das almas elevadas; às pessoas que pretensamente têm muito espírito, que ela prefira pessoas de grande peso, instruídas e de juízo firme, sabendo-se que no mundo se passa tanto mais facilmente por espirituoso quanto mais radicalmente se deu cabo de sua inteligência. Acima de tudo, que ela não vá, por futilidade, por vaidade, por algum interesse sem maiores consequências, arrastar o marido para a casa de gente tola.

Mas o que estou dizendo? Os próprios tolos também nos são úteis e nos ajudam a completar nossa experiência. Não os procurem: deles já há o bastante! Mas aqueles que encontrarem, saibam tirar deles proveito, intelectualmente, numa espécie de contraprova, e humana e cristãmente, pelo exercício das virtudes de que eles são os clientes.

A sociedade é um livro a ser lido, apesar de ser um livro banal. A solidão é uma obra-prima; mas lembrem-se das palavras de Leibniz, que até do mais imprestável dos livros sempre conseguia tirar algum proveito. Os senhores não pensam sozinhos, tal como não pensam unicamente com a inteligência. Sua inteligência se associa a suas outras faculdades, sua alma a seu corpo, e sua pessoa a suas relações. É tudo isso seu ser pensante: componham-no o melhor que puderem; mas que as próprias taras que ele apresentar, tal como as doenças que tiver, tornem-se valores, por meio de algum louvável gesto de sua grandeza de alma.

*

No restante, em seus relacionamentos, comportem-se de tal maneira que sempre seu espírito e seu coração dominem sua situação: não serão assim nem invadidos nem contaminados, caso o meio seja medíocre, e, se for nobre, ele não fará senão reforçar no interior dos senhores os efeitos da solidão, sua ligação com a verdade e as lições que ela lhes prodigaliza.

Seria preciso que nossos contatos com o exterior fossem como os do anjo, que toca sem ser tocado a não ser que ele assim o queira, que dá e de quem não se toma nada, porque ele pertence a um outro mundo.

Pela moderação no que disserem, também conseguirão essa permanência do recolhimento e essa sabedoria nos intercâmbios das quais é tão urgente que estejam munidos. Falar para dizer o que deve ser dito, para expressar um sentimento oportuno ou uma ideia útil, depois disso calar-se, é o segredo para se resguardar sem deixar de se comunicar, em vez de permitir que a tocha se apague para depois acender outras.

É, de resto, igualmente o meio de dar peso à sua palavra. A palavra pesa quando se sente por baixo dela o silêncio, quando ela oculta e deixa adivinhar, por detrás das palavras, um tesouro que ela libera progressivamente como convém, sem precipitação e sem agitação gratuita. O silêncio é o conteúdo secreto das palavras que contam. O que faz o valor de uma alma é a riqueza do que ela não diz.

V. MANTER A DOSE NECESSÁRIA DE AÇÃO

O que dizíamos sobre os relacionamentos se aplica à ação com bem poucos retoques. Trata-se sempre de dosar a vida interior e a exterior, o silêncio e o barulho.

A vocação intelectual, tomada em sentido estrito, é o contrário da ação. A *vida contemplativa* e a *vida ativa* sempre foram opostas já que originárias de pensamentos e aspirações contrárias. A contemplação recolhe, a ação despende; uma chama a luz, a outra ambiciona o dom.

Para falar de um modo geral, é evidentemente necessário resignar-se à partilha das tarefas, dando-se, cada qual, por satisfeito em elogiar aquilo que não se faz, em amar em outrem os frutos daí resultantes e em desfrutá-los graças à comunhão das almas. Mas a vida real não dá margem a uma divisão tão rigorosa.

O dever pode forçar à ação como há pouco à sociedade, e ele deverá beneficiar-se com nossas observações. A ação regulada pela consciência prepara esta mesma consciência para as regras da verdade, a predispõe ao recolhimento quando for chegada a hora, a une à Providência que é também fonte de verdade. O pensamento e a ação têm o mesmo Pai.

Em seguida, mesmo sem obrigação, sempre é indispensável ao pensador reservar uma parte de seu tempo e de seu coração à vida ativa. Essa parte às vezes é bem reduzida; no sábio ela nunca é nula. O monge se dedica a trabalhos manuais ou a obras de zelo; o grande médico tem sua clínica, seu hospital; o artista tem suas exposições, seu meio, suas turnês ou suas conferências; o escritor é solicitado de tantas formas que não se comprometer com nenhum projeto exigiria muito esforço.

Tudo isso está muito bem. Afinal, nesse mundo cada coisa tem sua medida certa, a vida interior tem de ter a sua. Ela quer que a ação fique limitada e abra espaço para a solidão, porque a ação externa agita a alma, que o silêncio apazigua; porém o silêncio levado longe demais provoca, por sua vez, agitação; o refluxo do homem todo para a cabeça causa desorientação e vertigem; uma diversão é indispensável à vida cerebral; é-nos imprescindível o calmante da ação.

Há razões fisiológicas para tanto nas quais não vou entrar; as razões psicológicas têm aí seu ponto de apoio e até sua origem, porque a alma sendo distinta do corpo não conheceria o cansaço. Contudo o composto animado se cansa do repouso tanto quanto do dispêndio; ele requer um equilíbrio cujo centro de gravidade pode, aliás, se deslocar e variar de um para outro. O corpo que se imobiliza demais se atrofia e se enerva; a alma que o imita se enfraquece e se corrói. De tanto cultivar o silêncio, se chegaria ao silêncio da morte.

Por outro lado, a vida intelectual necessita do alimento dos fatos. Encontram-se fatos nos livros; mas todo mundo sabe que uma ciência puramente livresca é frágil; ela padece do defeito do abstrato; ela perde o contato e em decorrência oferece ao raciocínio uma matéria excessivamente quintessenciada, quase que ilusória. "Tu és um balão cativo", dizia de si para si Amiel, "não deixes que se desgaste o barbante que te liga à terra".

Santo Tomás dedica um artigo da *Suma* para provar a necessidade de apoiar-se ao real para julgar porque, diz ele, o real é o fim último do julgamento; ora, o fim, ao longo de todo o caminho, deve projetar sua luz.[3]

---

[3] Iª Pars, q. 84, art. 8.

As ideias estão nos fatos, elas não vivem por si próprias, como acreditou Platão: esse ponto de vista metafísico tem consequências práticas. Na qualidade de homem de pensamento, é preciso manter-se nas proximidades do que é, do contrário o espírito vacila. O sonho seria outra coisa do que um pensamento cuja comunicação com o exterior está cortada, um pensamento que não *quer* mais? O sonho inconsistente é um recife no oceano do pensamento puro; é preciso evitá-lo como uma causa para a impotência e a queda. O pensamento se apoia nos fatos como o pé sobre o solo, como o enfermo em suas muletas.

A dose de ação recomendada ao pensador terá, pois, essa vantagem de estabilizar-lhe o espírito. Ela terá igualmente a de enriquecê-lo. Quantas experiências a vida nos propõe a cada dia! Nós as deixamos passar, mas um pensador profundo as recolhe e com elas compõe seu tesouro; seus quadros espirituais serão pouco a pouco preenchidos com elas, e suas ideias gerais, por um lado controladas, serão além disso ilustradas por uma documentação viva.

*

A ideia, em nós, quando privada de seus elementos tirados da experiência, de seus *fantasmas*, não é senão um conceito vazio, que nem se percebe mais. Na medida em que os fantasmas são ricos, o pensamento é amplo e forte. Ora, a ação encontra por toda parte em seu percurso elementos assimiláveis e "episódios de vida" que serão a representação de suas ideias abstratas. Ela encontra inclusive mais do que consegue contar, pois o real é uma espécie de infinito que nenhuma análise, nenhum cômputo racional chega a esgotar.

Coloquem um artista diante de uma árvore, ele fará dela esboços indefinidamente, sem que jamais tenha sequer pensado em reproduzir inteiramente o que a natureza exprime; coloquem-no diante de um esboço de árvore, ou até mesmo diante da árvore de um Claude Lorrain ou de um Corot, quando ele o tiver conscienciosamente reproduzido, ele terá esgotado o modelo.

O individual é inefável, diziam os antigos filósofos. O individual é o real, por oposição aos temas do espírito. Ao mergulhar no real pela ação, encontram-se nessa matéria novas formas, como o artista, ao executar, alimenta sua concepção, a retifica e a perfaz.

Finalmente, esse instrutor que é a ação é ao mesmo tempo um professor de energia cujas aulas não serão inúteis a um solitário. Por suas propostas e por suas resistências, por suas dificuldades, seus reveses, seus sucessos, pelo tédio e a lassidão que ela obriga a vencer, pelas contradições que ela não deixa de suscitar e pelas novas necessidades que ela desperta, ela nos estimula e revigora nossas forças; ela sacode essa preguiça fundamental e essa orgulhosa quietude que não são menos hostis ao pensamento do que às realizações.

As virtudes de fora virão assim em socorro das de dentro; a investigação ativa será proveitosa para o recolhimento; a colheita do néctar terá preparado o mel. O pensamento, alternadamente mergulhado nos dois abismos – o do real e o do ideal –, fortalecido por uma vontade experimentada, instruído e prevenido pelas *razões do coração* que a ação coloca incessantemente em questão, será uma ferramenta de pesquisa outra e um árbitro da verdade outro que uma razão empoleirada na *árvore de porfírio*.

*

Eu gostaria de ver nosso homem de estudo engajado a todo instante em alguma atividade pouco dispendiosa, à qual ele dedicaria um tempo bem delimitado, sem concessões a qualquer arrebatamento, conquanto interessando-se, e de todo o coração, por resultados que para ele não devem ser como a lenha que certos indivíduos vão cortar para esvaziar a cabeça. Agir sem se entregar por inteiro à ação não é agir como homem, e nem o descanso do homem, nem sua instrução, nem sua formação podem disso resultar. Portanto, se os senhores já não contam com algumas, dessas que simplesmente se impõem, procurem causas que os apaixonem porque elas são de grande valia, obras de luz, de construção, de preservação, de progresso, ligas pelo bem público, associações de defesa e de ação social, empreendimentos todos que querem seu homem, se não quanto à vida dele em seu todo, pelo menos quanto a seu ser completo. A isso entreguem-se nas horas em que a inspiração lhes concede ou até lhes impõe uma pausa bem-vinda também para ela mesma. Depois do quê estarão prontos para retornar a ela, e o céu onde ela os introduz lhes será tanto mais aprazível que terão experimentado, junto com seus tesouros, os perigos, os lodaçais e as asperidades da terra.

VI. PRESERVAR EM TUDO O SILÊNCIO INTERIOR

Parece-me resultar disso tudo que a solidão útil, o silêncio e o retiro do pensador são realidades abrandadas, mas fundamentadas num espírito com alto grau de exigência. É com vistas ao retiro, ao silêncio e à solidão íntima que a ação e os relacionamentos são tolerados e é em função deles que são dosados. Assim deve ser, se verdadeiramente o intelectual é um consagrado, e se *não se pode servir a dois senhores*.

O espírito de silêncio será, pois, exigido onde se estiver. É ele sobretudo que importa. Diz-se às vezes que a solidão é a mãe das obras. Não, e sim o estado de solidão. Tanto que podemos, a rigor, conceber uma vida intelectual fundada num trabalho com duração de duas horas por dia. Seria possível pensar que, estando essas duas horas a salvo, a conduta subsequente se daria como se elas não existissem? Seria um erro de entendimento muito grave. Essas duas horas são ofertadas à concentração, mas nem por isso deixa-se de requerer a consagração da vida inteira.

Um intelectual deve ser intelectual o tempo todo. O que São Paulo sugere ao cristão – *quer comais, quer bebais, quer façais qualquer outra coisa, fazei tudo pela glória de Deus* – deve se aplicar ao cristão em busca de luz. A glória de Deus é para ele a verdade: ele deve pensar nela onde quer que esteja, submeter-se a ela em tudo. A solidão que lhe é recomendada é menos uma solidão de lugar do que uma solidão de recolhimento; ela é elevação mais do que afastamento; ela consiste em se isolar pelo alto, graças ao dom de si às coisas superiores e mediante a fuga das leviandades, das divagações, da mobilidade e de toda vontade caprichosa; ela realiza a *Conversatio nostra in cælis* do apóstolo ao levar nossa morada e nosso trato ao céu dos espíritos.

Ficar em casa e se entregar a um falatório interior, ao embate dos desejos, à exaltação do orgulho, à corrente de pensamentos que introduzem em nós um meio exterior absorvente e repleto de discórdia, seria de fato isso a solidão? Há uma falsa solidão tal como há uma falsa paz. Em contrapartida, sair e agir por dever, por sabedoria ou pelo propósito de se distrair, cuja necessidade voltaremos a defender mais adiante, pode constituir uma solidão superior, que alimenta e tonifica a alma em vez de diminuí-la.

O que Santo Agostinho chama de "pureza da solidão" pode ser preservado em toda parte; sua impureza pode manchar até seu próprio refúgio. "Tu podes estar numa cidade", escreveu Platão, "como um pastor em sua cabana no alto de uma colina". Tenham a inspiração interior, o comedimento, o amor daquilo a que se entregaram, tenham a seu lado o Deus da verdade, e estarão sozinhos em pleno universo.

CAPÍTULO IV
O Tempo do Trabalho

I. O TRABALHO PERMANENTE

De muitas maneiras diferentes tivemos já de definir a lide intelectual. É contudo necessário examinar mais de perto suas diversas condições e antes de mais nada o tempo que o pensador lhe dedica.

O estudo já foi denominado *uma oração à verdade*. Ora, a oração, nos diz o Evangelho, jamais deve ser interrompida: "É preciso orar em todo momento e não desfalecer" (Lucas 18:1). Bem sei que se pode compreender esse texto com benignidade; ele quereria então dizer: não passem nenhum dia, semana, longo período, sem dirigirem-se a Deus. Mas nossos doutores evitaram estreitar a esse ponto tão grande dito; tomaram-no ao pé da letra e dele tiraram uma doutrina profunda.

A oração é a expressão do desejo; seu valor é constituído por nossa aspiração interior, por seu teor e por sua força. Retirem o desejo, a oração deixa de ser; alterem-no, ela muda; reforcem ou atenuem sua impetuosidade, a oração alça voo ou perde as asas. Inversamente, suprimam a expressão deixando intocado o desejo, a oração, sob muitos aspectos, permanece intacta. Uma criança que nada diz, mas fita com um olhar ardente o brinquedo de uma vitrina, depois olha para a mãe que sorri, não terá formulado a mais comovente das orações? Que nada tivesse visto, o desejo pelo jogo, inato na criança como a sede de agir, não constitui para os seus uma oração permanente que eles atenderão?

É preciso orar em todo momento equivale pois a dizer: em todo momento é preciso desejar as coisas eternas, as coisas do tempo que está a seu serviço, o pão cotidiano de toda natureza e toda ocasião, a vida em todas as suas amplidões, terrestres e celestes.

Apliquem esse comentário à oração ativa do estudo, estarão entrando numa consideração extremamente valiosa. O pensador é um consagrado; ele é entretanto um pensador em atividade apenas durante umas poucas horas. Carlyle dizia: "Não creio que literato algum tenha dedicado à literatura a quinta parte de seu tempo". Já que, assim sendo, a maior parte de sua vida fica em nível ou nivelada por baixo, o homem das alturas fica obrigado a tornar a descer e se inclinar: que lucro, se ele pudesse não se dobrar por completo!

Como a oração pode durar o tempo todo, porque ela é um desejo e o desejo se mantém, por que o estudo não duraria o tempo todo, ele que também é um desejo e um apelo ao verdadeiro?

O desejo de saber define nossa inteligência enquanto potência de vida. Instintivamente nós queremos conhecer do mesmo modo como pedimos pão. Se a maioria dos homens se demora em desejos mais terrenos, o pensador possui a particularidade de ser obcecado pelo desejo de saber: por que não fazer com que esse desejo trabalhe, quero dizer, trabalhe constantemente, como um curso de água sob o qual instalaram-se turbinas?

Isso é viável, e a psicologia o demonstra, tanto quanto a experiência. O cérebro trabalha o tempo todo; as turbinas que estou cobrando existem, elas giram, elas acionam um mecanismo de rotação do qual as ideias escapam como centelhas de um dínamo funcionando em potência máxima. Os processos nervosos se encadeiam numa série contínua e não cessam mais do que os batimentos do coração ou a respiração em nosso peito. O que falta para fazer uso dessa vida permanente em benefício da verdade? Unicamente disciplina. É preciso que os dínamos estejam acoplados às turbinas, as turbinas ligadas à corrente; é preciso que o desejo de conhecer acione regularmente, e não de modo intermitente, o funcionamento cerebral consciente ou inconsciente.

A maior parte de nossa atividade nervosa não serve para nada, por não estar sendo captada. A bem da verdade, ela não pode sê-lo inteiramente, pois nosso poder sobre ela é relativo e, forçando o rendimento, se quebraria a máquina; mas pouquíssimos são os que procuram o possível. O hábito tem nisso um peso determinante; quando bem estruturada, ela age como uma segunda natureza, e é aqui que nossos conselhos práticos encontram seu lugar.

"Tudo o que puderes", diz Santo Tomás ao estudioso, "esforça-te por guardá-lo no cofre do espírito, como aquele que tenciona encher um vaso". Voltaremos a essa comparação que poderia prestar-se a uma interpretação equivocada; mas trata-se aqui da preocupação em adquirir, não do meio para tanto. O que importa ao homem da verdade é compreender que a verdade está em toda parte, e que ele deixa passar sua correnteza contínua sem aproveitá-la para ativar sua alma.

"A sabedoria clama nas ruas", diz a Bíblia; "eleva a voz nas praças públicas; prega à entrada dos lugares ruidosos; às portas da cidade, ela dá a ouvir sua voz: até quando, ó ignorantes, amareis vossa ignorância?... Convertei-vos... E espalharei sobre vós meu espírito... Estendo a mão e ninguém me dá atenção" (Provérbios 1:20-24). Esse premente apelo à verdade, se lhe dessem ouvidos, expandiria o espírito e o enriqueceria mais que muitas sessões de trabalho. Estas permaneceriam necessárias, mas a luz que nelas se concentra iria se expandindo de modo a recobrir quase que a vida inteira; uma corrente se estabeleceria e jogaria luz sobre os resultados do pensamento difuso, levando-os depois de volta a este último para dar-lhe orientação, um alcance que se tornaria habitual e, consequentemente, fecundidade.

Vejam o que acontece quando querem mobiliar um apartamento. Até então os senhores sequer pensavam nos móveis, tanto que, ao circular nas ruas de Paris onde de cada quatro lojas uma é de antiguidades, nem mesmo reparavam nelas; as formas que nelas existiam não lhes chamavam a atenção; as tendências da moda eram-lhes desconhecidas, e também as chances de fazerem grandes achados, a especialidade de tal ou qual bairro, as faixas de preços etc. Pelo contrário, com o espírito em estado de alerta por meio do desejo, tudo os marca, tudo os detém; Paris passa a ser uma vasta loja, e em uma semana aprendem o que uma vida inteira não teria podido ensinar-lhes.

A verdade é mais difundida que os móveis. Ela *grita pelas ruas* e não nos desleixa mesmo quando nós a desleixamos. As ideias estão nos fatos; elas estão também nas conversas, nos acasos, nos espetáculos, nas visitas e perambulações, nas leituras mais corriqueiras. Tudo contém tesouros, porque tudo está em tudo e algumas leis da vida ou da natureza governam todo o restante.

Newton teria descoberto a gravitação se a atenção que ele dava ao real não o tivesse prevenido e predisposto a notar que as maçãs caem como os universos? As leis da gravitação dos espíritos, as leis sociológicas, filosóficas, morais, artísticas não são menos aplicadas por toda parte. Um grande pensamento pode nascer acerca de todo e qualquer fato. Em toda contemplação, nem que seja a de uma mosca ou de uma nuvem passando, há oportunidade para reflexões sem fim. Toda réstia de luz pode levar ao sol; toda passagem aberta é um corredor para Deus.

Ora, essas riquezas, nós poderíamos captá-las se estivéssemos presentes. Encarando tudo dentro de um estado de espírito voltado para a inspiração, veríamos por todo lado ensinamentos, profecias da verdade ou confirmações, pródromos e prosseguimentos. Mas na maioria das vezes não estamos presentes, ou nossa atenção está ausente. "Todo mundo olha para o que eu olho", dizia Lamennais em Saint-Malo, diante do mar revolto, "mas ninguém vê o que eu vejo".

Adquiram então o hábito de estar presentes nesse jogo do universo material e moral. Aprendam a olhar e confrontem o que se apresenta aos senhores com suas ideias costumeiras ou secretas. Não enxerguem numa cidade unicamente casas, mas vida humana e história. Que um museu não lhes mostre quadros, e sim escolas de arte e de vida, concepções do destino e da natureza, orientações sucessivas ou variadas da técnica, do pensamento inspirador, dos sentimentos. Que uma oficina não lhes fale somente de ferro e de madeira, mas da condição humana, do trabalho, da economia antiga e recente, das relações de classes sociais. Que as viagens lhes ensinem a humanidade; que as paisagens lhes evoquem as grandes leis do mundo; que as estrelas lhes falem das durações incomensuráveis; que os pedregulhos do caminho representem para os senhores resíduos da formação da terra; que a visão de uma família se una a seus olhos à das gerações, e que o menor relacionamento lhes traga informações sobre a mais elevada concepção do homem. Se não souberem olhar assim, não se tornarão ou não serão mais que um espírito banal. Um pensador é um filtro em que a passagem das verdades deposita sua melhor substância.

Aprendam a escutar e escutem, primeiramente, quem quer que seja. Se é no mercado, como afirmava Malherbe, que se aprende sua língua, também no mercado, isto é, na vida cotidiana, se pode aprender a linguagem do espírito. Um sem-número de verdades circulam nos discursos mais simples. A mais ínfima palavra escutada com atenção pode ser um oráculo. Um lavrador se revela em certos momentos muito mais sábio do que um filósofo. Todos os homens são iguais ao fazer com que tudo reflua para o fundo de si próprios, e se alguma impressão profunda, um retorno instintivo ou virtuoso à simplicidade de origem, afasta as convenções, as paixões que comumente nos furtam a nós próprios ou aos outros, ouve-se sempre um discurso divino, quando um homem fala.

Em cada homem está o homem todo, e uma profunda iniciação pode nos advir disso. Se fossem romancistas, não percebem o que aí poderiam aproveitar? O maior dos romancistas se forma na soleira das portas, o menor na Sorbonne ou nos salões. Com a diferença que, em vez de se imiscuir, o grande observador se reserva, ele vive de si para si, ele ascende, e a vida mais ínfima se apresenta para ele como um grande espetáculo.

Ora, o que o romancista procura pode servir para todos, pois todos precisam dessa profunda experiência. O pensador só é deveras pensador se ele encontra na mais leve das impulsões vindas de fora a oportunidade para uma propulsão sem fim. Está em seu caráter conservar por toda a vida a curiosidade da infância, a vivacidade de suas impressões, sua tendência em ver tudo sob o ângulo do mistério, sua admirável faculdade de encontrar por toda parte surpresas produtivas.

Contudo fiquem à espreita muito especialmente da felicidade de ter um encontro com alguém que sabe e que pensa. Que tristeza é ver os homens da elite ser tão pouco úteis a seu círculo de conhecidos! São praticamente assimilados aos débeis mentais; aproveita-se deles o que eles têm de comum, não o que possuem de raro. Está aí um tesouro, e fica-se brincando com a chave sem abrir. Sorri-se às vezes de sua falta de jeito, de suas pequenas esquisitices de pessoas abstraídas, e é uma coisa bem inocente; mas o que é tolo é assumir um ar de superioridade que esquece o grande ser.

Os grandes valores já são dispersos o bastante para que sejam deixados assim sem proveito. Eles se aproveitam a si próprios, e todo mundo tira deles proveito sem se dar conta; mas, no caso de dar-se conta, recebe-se deles uma instrução e uma impulsão que decidirão o rumo de toda uma existência. Um bom número de santos, de grandes capitães, de exploradores, de cientistas, de artistas, o foram por ter encontrado uma personalidade eminente e ouvido o som de uma alma. Os ecos desse chamado silencioso se fizeram ouvir neles até o fim de sua vida, e era um clamor que os tocava em frente; uma correnteza invisível os carregava. A palavra de um grande homem, como a de Deus, é às vezes criadora.

Mas é sabido que os grandes homens só o são após a morte. A maioria não os reconhece. Alguém que talvez valha tanto quanto Descartes está sentado a seu lado, e os senhores não o escutam, não o interrogam, discutem com ele de modo provocador, cortam-lhe a palavra para dizer bobagens. E se ele não tiver aptidão desse feitio, apesar de sua grandeza de espírito, será um bom motivo para deixá-lo silenciosamente enterrar ou levar embora sua riqueza?

Observando e escutando – não menciono a leitura, pois ainda voltaremos a esse tópico – aprenderão a refletir, farão seu e adequarão a suas necessidades o que terão adquirido. As grandes descobertas se resumem a reflexões sobre fatos comuns a todos. Passa-se miríades de vezes sem nada ver e, um dia, o homem de gênio observa as amarras que ligam ao que ignoramos o que está sob nossos olhos a cada instante. O que é a ciência senão a cura lenta e progressiva para nossa cegueira? É bem verdade que a observação precisa ser preparada por estudos e por soluções anteriores. Encontra-se o que se procura. Só é dado a quem já possui. É por isso que eu falava de um vaivém entre as luzes de dentro e as de fora. De qualquer forma, o espírito deve estar numa disposição permanente para refletir, como numa disposição permanente para ver, para ouvir, para atirar na presa em pleno voo, como um bom caçador.

*

Vamos ser ainda mais precisos e dizer que esse despertar do espírito pode resultar em proveitos não apenas para nossa cultura geral, mas também para nossa especialidade, e também para nosso estudo atual, nosso trabalho em andamento. Levem seus problemas consigo. O cavalo de aluguel faz sua corrida e volta para sua baia; o livre corcel vive com as narinas ao vento.

Já que a verdade está por toda parte e que tudo está interligado, por que não estudar cada questão a partir de tudo quanto estiver relacionado com ela? Tudo deve alimentar nossa especialidade. Tudo deve vir testemunhar a favor ou contra nossas teses. O universo é em grande parte o que nós fizemos dele. O pintor vê por todo lado tão somente formas, cores, movimentos, expressões; o arquiteto equilibra massas; o músico capta ritmos e sons, o poeta temas de metáforas, um pensador ideias em ato.

Não há nada aqui que remeta a um particularismo restrito; trata-se de método. Não se pode levar tudo adiante ao mesmo tempo. Conservando um olho para a livre observação, dedica-se a uma investigação particular a atenção sobressalente e, "pensando sempre no assunto", como Newton, faz-se a coleta de dados para uma obra.

Estar sempre à espreita de pensamentos: eis o grande segredo. O espírito do homem é um ruminante. O bicho olha ao longe, masca lentamente, arranca um tufo aqui, colhe um raminho ali, fica com o prado todo para si, e também o horizonte, compondo com um seu leite, com o outro sua alma obscura.

Ensinam-nos a viver na presença de Deus: não podemos também viver na presença da verdade? A verdade é como que a divindade especial do pensador. Tal verdade específica ou tal objeto de estudo podem estar presentes a nós a todo momento. Será sábio, será normal deixar o homem de pesquisa em seu gabinete de trabalho ter, desse modo, duas almas: a do trabalhador e a do *bon-vivant* dado a perambulações? Esse dualismo não é natural; ele leva a pensar que a busca da verdade é para nós um ofício, em vez de uma nobre paixão.

Para tudo há um tempo, diz a Bíblia, e tenho de reconhecer que não se pode evitar dividi-lo; mas já que, na realidade, se pensa o tempo todo, por que não empregar esse pensamento em benefício daquilo que nos inquieta?

Vai-se dizer que uma tal tensão é incompatível com a saúde cerebral e com as condições da vida? Certo. Só que não se trata de tensão, nem mesmo, em geral, de vontade efetiva. Falei em hábito, falemos, se preferirem, de subconsciência.

Nosso espírito tem o poder de funcionar sem nós, se lhe prepararmos, por pouco que seja, suas tarefas e traçarmos ligeiramente o mapa dos canais onde suas correntes obscuras se introduzirão.

Com o desejo de saber bem ancorado nos senhores, a paixão da verdade acesa, sua atenção consciente tendo-se voltado com frequência para os fatos da vida próprios a entreter o fogo e a satisfazer o desejo, transformem então seu espírito num sabujo perpetuamente empenhado em caçar. Não é mais algo penoso para ele; ele está apenas obedecendo a uma nova natureza. Os senhores pensam já tão facilmente numa dada direção quanto antigamente o faziam ao acaso.

Essa direção sem dúvida não passa de algo aproximativo e ficar em estado de tensão máxima seria um absurdo; mas conviria recusar o que tem probabilidade de ser, pautando-se pelo que não tem? Têm a seu dispor um recurso imenso; empregam-no estabelecendo um pouco de disciplina num trabalho cerebral que se realiza, mas sem sua participação e de modo anárquico. Regulem esse trabalho, e que seu cérebro também seja um intelectual.

Com a prática, notarão que isso não cansa nem um pouco, que isso, pelo contrário, poupa muito cansaço; pois os achados feitos assim, ao acaso de onde se pousar o olhar, sem tê-los buscado, simplesmente por se estar resolvido e treinado para não ser cego, essas invenções, pois, não raro as mais felizes porque são espontâneas, encorajam sobremaneira o pesquisador; elas o mantêm em estado de prontidão e de otimismo; ele espera com alegria pela hora do recolhimento em que poderá registrar e desenvolver sua descoberta.

Reiteradas vezes se obterá dessa maneira a conexão difícil, a saída que se teria procurado em vão à escrivaninha, bloqueado num ponto de vista e não conseguindo escapar dele. O que não tinha a menor relação com o trabalho leva a alguma coisa que se torna sua base. A ciência laboriosa ficará com isso inteiramente iluminada; se saberá para onde se está indo e se terá esperança de ser contemplado em breve com um novo golpe de sorte.

Esse procedimento baseado no acaso condiz com as contingências cerebrais e com o processo obscuro da associação de ideias. Toda uma série de leis se aplica aqui, sem que exista uma lei para sua aplicação a esta ou aquela, em tal ou qual hora, tudo isso se articulando sem nossa participação – quero dizer, independentemente de nossa vontade expressa, sob a exclusiva impulsão do desejo que é a alma do pensador e que o qualifica como o jogo caracteriza a infância, como o amor a mulher –, isso não é a sobrecarga que se acredita ser.

Uma mulher se cansa, durante um passeio, de ficar espiando a reação dos transeuntes para com ela, ou uma moça de esperar a oportunidade para dar uma gargalhada, ou um rapazinho para sair pulando? O espírito que está à espreita da verdade por amor, não por imposição, por uma tendência primeiramente instintiva, depois provavelmente cultivada, mas amorosamente, apaixonadamente, tampouco sofrerá. Ele brinca, ele caça, ele pratica algum esporte útil e inebriante, ele ama, e nada está mais distante do esforço específico e voluntário das horas de concentração.

Assim, o sábio circula, chova ou faça sol e por toda parte, com um espírito já amadurecido para aquisições que o vulgo nem nota. A mais obscura das ocupações é para ele o prolongamento da mais sublime; suas visitas formais são investigações proveitosas, seus passeios explorações, suas audições e respostas silenciosas um diálogo que a verdade nele mantém consigo mesma. Em todos os lugares seu universo interior se confronta com o outro, sua vida com a Vida, seu trabalho com o incessante trabalho dos seres, e ao sair do espaço exíguo onde se concentra seu estudo tem-se a impressão não de que ele está abandonando o verdadeiro, mas de que ele escancara sua porta para que através dela o mundo empurre até ele todo o verdadeiro que se despende durante suas potentes movimentações.

II. O TRABALHO À NOITE

O padre Gratry recomendou com insistência que não se exclua do trabalho permanente as horas de letargia e de trevas. Ele quer que se obrigue à noite a trabalhar. Esse conselho está baseado na psicologia e na experiência.

O sono é uma descontração; ele é a abdicação do querer consciente que não pensa mais em viver, não assume qualquer objetivo e se encontra assim entregue em grande parte à natureza geral. Não é um símbolo gratuito a atitude do dormente deitado, em contato com a terra, como se dissesse à natureza: Retoma-me; já por tempo suficiente resisti contra tuas potências; combati, de pé, teu determinismo nivelador; à equalização das forças que é a lei desse mundo perecível eu opus o sobressalto da vida: eu me rendo, agora, até a hora de novamente lutar.

A vida fervorosa estando assim suspensa, a correia de transmissão do motor humano tendo passado da liberdade individual à liberdade das forças cósmicas, resulta daí um novo funcionamento que tem suas leis próprias, que segue por caminhos ignorados da consciência clara e que realiza combinações alheias às vontades e aos caprichos clarividentes. Nossas forças interiores se agrupam; nossos pensamentos se organizam; cruzamentos aí se produzem; a energia abandonada pela ação se aplica em paz. Saber fazer uso desse trabalho sem perturbar-lhe os ritmos é para o pensador uma nova riqueza.

Não se trata de ficar em vigília; pelo contrário: o noctâmbulo é um mau trabalhador. Pedimos no tocante a esse ponto obediência à higiene geral, que teria mais propriamente, no que diz respeito ao homem de estudo, de ampliar suas exigências. Mas o sono, em si, é um trabalhador, um sócio da lide diurna; pode-se domesticar suas forças, utilizar suas leis, aproveitar essa filtragem, essa clarificação que se opera nos momentos de abandono noturno.

Um trabalho cerebral começado, uma ideia engatilhada, ideia que um incidente de dentro ou de fora tinha impedido de eclodir plenamente ou de achar seu devido lugar, agora se desenvolve e se engrena: não percam essa oportunidade de um bom ganho; recolham, antes que ela torne a mergulhar na noite mental, essa claridade que pode ser-lhes de grande auxílio.

Para tanto, como deverão proceder? Em certas circunstâncias, não é requerida nenhuma tática especial. Ao despertar, encontra-se já pronta e registrada a colaboração do sono. O trabalho da véspera lhes aparecerá sob uma luz mais límpida; um novo caminho, uma região virgem está à sua frente; conexões entre ideias, fatos, expressões, uma feliz comparação, uma imagem esclarecedora, um trecho inteiro talvez ou um plano de realização completo terão surgido. O todo aí está, bem lúcido; bastará utilizar, a seu tempo, o que Hipnos dignou-se a efetuar para os senhores.

Mas habitualmente a coisa se dá de modo completamente diferente. A natureza não está a nossas ordens; ela segue seu caminho; seu rio arrasta ouro; mas cabe a nós recolhê-lo e não deixar afundar o que carregam suas águas opulentas.

Com muita frequência clarões ocorrerão durante uma insônia de alguns minutos, quem sabe até de um segundo apenas: é preciso conservá-los. Confiá-los ao cérebro relaxado seria imprimi-los em água; há grandes chances de que o dia seguinte sequer guarde o vestígio de um vago incidente.

Assim, tomem uma atitude melhor. Tenham à mão um bloco de anotações ou uma caixa de fichas. Anotem sem tentar ficar bem despertos, sem acender a luz na medida do possível, e tornem a mergulhar em suas sombras. Aliviar assim o pensamento será provavelmente um meio de favorecer o sono em vez de perturbá-lo. Se disserem: vou me lembrar, quero me lembrar, essa vontade vira inimiga do repouso bem mais que um rápido rabisco. Não esqueçam que o sono é uma descontração do *querer*.

Em outras ocasiões, é pela manhã, logo ao despertar, que vêm as luzes. Os senhores abrem os olhos e se diria que o olho interior também se abre, se ilumina ante um mundo novo. A terra girou, os céus da inteligência não apresentam mais o mesmo aspecto, novas constelações estão a brilhar. Olhem bem para esse espetáculo inédito, e não tardem um instante sequer a registrar suas linhas gerais; indiquem os traços mais expressivos, os volteios, o que possibilitará recuperar todos os detalhes quando tiverem disponibilidade para retomá-lo.

Cada pensador tem em sua experiência pessoal ocorrências de lucidez matinal por vezes surpreendentes, poder-se-ia dizer até milagrosas. Tratados completos vieram assim em plena luz após uma longa e penosa série de estudos intrincados em que o autor tinha a sensação de estar como que perdido num bosque sem clareiras nem perspectivas.

Invenções foram feitas assim. Elementos dispersos no espírito, experiências antigas ou conhecimentos aparentemente sem qualquer interesse se tinham associado, e questões se tinham resolvido, por si mesmas, pela classificação espontânea das imagens mentais que representavam a ideia de sua solução.

Depressa, ao bloco de anotações, quando uma felicidade desse naipe lhes couber. Vão em frente, enquanto a ideia continuar vindo; extraiam, não acrescentem nada de seu. Sem qualquer intervenção perturbadora, com uma atenção entregue à natureza cujo trabalho é exatamente esse, puxem cuidadosamente a corrente que se formou, espalhem os elos, as correntinhas sobressalentes que estão penduradas nela, registrem as proporções, as dependências, sem nenhuma preocupação com o estilo – digo, com o estilo adotado por opção, pois bem pode ser que haja elementos de estilo preciosos que se desfraldariam dessa maneira espontânea.

Quando a gaveta estiver vazia e a corrente de pensamentos novos parecer provir inteiramente dela, parem de escrever, mas não deixem, enquanto isso, de manter o olhar fito em sua fortuna: pode ser que ela cresça ainda mais, que a corrente gere novos elos, que as correntinhas se multipliquem e se subdividam. Tudo isso é tão valioso que não se deve perder uma parcela sequer. É trabalho poupado para o dia. A noite, sua grande colaboradora, lhes deu sem o menor esforço de sua parte, uma jornada de 24 horas completas, talvez até algumas semanas, as que seriam exigidas para bater por esforço próprio a fastuosa joia que ela lhes ofertou.

*

Entretanto, a preocupação em colher não é o suficiente. O sono, que trabalha sozinho, trabalha a partir de um material prévio; ele nada cria; habilidoso em combinar e em simplificar, em chegar a um resultado, ele não tem poderes para operar senão sobre os dados da experiência e a labuta do dia. Sua lide deve, pois, ser-lhe preparada. Contar com ele é primeiramente contar consigo mesmo.

Os monges têm esse costume, tão antigo quanto a piedade, de depositar, findo o dia, tal qual uma semente, nos sulcos da noite, seu ponto para meditação; eles têm a esperança de, ao despertar, encontrar a semente já amolecida, impregnada da umidade da terra e quiçá germinada: ela crescerá mais prontamente sob o sol da reflexão e da graça.

Sem renunciar a essa prática, que bem mereceria generalizar-se entre os cristãos, pode-se acrescentar-lhe a semeadura da noite pelo trabalho. A terra humana é rica: duas sementes brotarão lado a lado sem conflitos. Tragam até os senhores, ao adormecer, confiem a Deus e à alma a questão que os preocupa, a ideia que demora a distender suas virtualidades, ou até se furta a isso. Não façam nenhum esforço que retarde o sono. Pelo contrário, tranquilizem-se com este pensamento: o universo trabalha por mim; o determinismo é o escravo da liberdade e, enquanto eu descanso, ele girará a mó de seu moinho; eu posso diferir meu esforço: os céus giram, e enquanto giram eles fazem com que se mova em meu cérebro o mecanismo delicado que eu talvez distorcesse; eu durmo, a natureza vela, Deus vela, e eu recolherei amanhã um pouco de seu trabalho.

Nessa calma disposição, os senhores se descontraem plenamente, mais do que o fariam na inquietação acerca de um amanhã sem qualquer ajuda, sobretudo mais do que nesse retorno, tão frequente, à noite, dos problemas daquele dia, problemas que um estado de semiconsciência vem aumentar, que estragam a noite e que de manhã estarão aí para servir-lhes uma nova dose de sua poção amarga.

Do mesmo modo que um trabalho ameno e regular harmoniza o dia, o trabalho inconsciente da noite pode nela verter a paz e dela afastar as divagações, as insanidades esgotantes ou pecaminosas, os pesadelos. Acompanhem bem mansamente uma criança segurando-a pela mão: sua turbulência se aquieta.

Não se está pois preconizando uma estafa por excesso de trabalho, uma confusão entre o dia e a noite. Não, é preciso dormir; um sono reparador é indispensável. Mas se está dizendo aos senhores que a noite, enquanto noite, pode trabalhar por si mesma, que ela "é boa conselheira"; que o sono, enquanto sono, é um artesão prestativo; que o repouso, enquanto repouso, é também uma força. É efetivamente segundo a natureza desses, e não violentando a constituição que lhes é própria, que se tem a intenção de fazer uso de tais auxílios. O repouso não é uma morte; é uma vida, e toda vida tem seu fruto. Podendo colhê-lo pessoalmente, não deixem para os pássaros noturnos o fruto do sono.

III. O INÍCIO E O FIM DO DIA

Daí a extrema importância, para o trabalhador tanto quanto para o homem religioso, do início e do fim do dia. Não se pode preparar, vigiar, concluir com uma alma atenta as horas de repouso, se se entregar ao acaso àquelas que as circundam.

A manhã é sagrada; pela manhã, a alma refrescada olha para a vida como se estivesse numa curva de onde ela lhe aparece por inteiro. O destino aí está; nossa tarefa é retomada; é o momento certo para avaliá-la uma vez mais e confirmar, por um ato expresso, nossa tripla vocação de homens, de cristãos e de intelectuais.

"Filipe, lembra-te que tu és um homem": estas palavras do escravo macedônio a seu senhor nos são ditas em pleno dia quando ele evoca, causando forte impressão a nossos olhos, as luzes da alma; "um homem" digo eu, não de um modo geral, mas qualificado para um caso preciso, um homem que aí está, frente a Deus, como um fato singular, sem igual e, por pequeno que seja, o único apto a ocupar seu próprio lugar.

Esse homem não vai então, ao sair das horas de inconsciência, renovado e por assim dizer renascido, considerar o conjunto de sua vida num só golpe de vista penetrante, assinalar o ponto a que chegou, traçar a jornada que se inicia e se pôr a caminho a passo firme, e com o espírito lúcido, para mais uma etapa?

Nisso resultará o esforço conjunto dos primeiros momentos do despertar, da oração matutina, da meditação, e sobretudo da missa, se houver a possibilidade de assistir a ela ou a felicidade de rezá-la.

O primeiro momento após o despertar deve ser um *Sursum corda!* Elevemos nossos corações! Enunciar uma fórmula cristã nessa ocasião é uma prática excelente; enunciá-la em voz alta é melhor; pois, e os psicólogos o sabem perfeitamente, nossa voz nos sugestiona e desempenha para conosco o papel de um *outro eu*. Eis aí um "escravo" que não podemos menosprezar; ele tem autoridade por nossa ordem, ele é nós, e sua voz ressoa com o estranho poder de domínio de quem é a um só tempo o mesmo e um outro.

Ensina-se as crianças a "darem seu coração a Deus". O intelectual, que nesse aspecto é uma criança, deve adicionalmente dar seu coração à verdade, lembrar-se de que é seu servidor, repudiar seus inimigos dentro de si, amar, para que eles a ela retornem, seus inimigos de fora, e acatar os esforços que a verdade, para aquele dia que desponta, lhe pede.

Segue-se então a oração. O padre Gratry aconselha o intelectual a dizer *Prime*, a Prima, que teria por equivalente, à noite, *Complies*, as Completas: nada há, de fato, de mais belo, nada é mais eficaz, mais estimulante. A maioria das orações litúrgicas são obras-primas; têm a vastidão e a quietude do nascer e do pôr de um astro. Experimentem: não poderão dizer outra coisa a respeito. Toda a verdadeira vida aí está, toda a natureza, e o trabalho será preparado como se fosse uma viagem pela abertura de um janelão inundado de sol.

Qualquer que seja a escolha, a prece do intelectual deve enfatizar de passagem o que se refere especificamente a sua situação, tirar daí proveito tanto quanto possível e elaborar com isso o grande propósito que o trabalho cristão realiza. Ato de fé nas elevadas verdades que sustentam a ciência; ato de esperança no auxílio divino para a luz como para a virtude; ato de amor para com Aquele que é infinitamente amável e para com aqueles que nosso estudo quer d'Ele aproximar; *Pater*, o Pai Nosso, para pedir, com o pão, o alimento da inteligência; *Ave*, a Ave-Maria, dirigida à Mulher revestida pelo sol, vitoriosa tanto contra o erro como contra o mal. Nessas fórmulas e em outras mais, o intelectual se reencontra, mentaliza sua tarefa e, sem separar sua especialidade da vida cristã em seu todo, pode beneficiar-se do que está previsto para ele e providencialmente depositado no tesouro comum.

A meditação é tão essencial para o pensador que não se faz necessário retomar sua defesa. Pregamos já o *espírito de oração*: onde ele se alimentaria melhor que nessas contemplações matinais, onde o espírito descontraído, ainda não reabsorvido pelos afazeres do dia, levado, erguido sobre a asa da prece, eleva-se facilmente para as fontes do vero que o estudo capta penosamente?

Se a santa missa puder ser assistida, se ela for rezada, as amplidões nela contidas não os arrebatarão? Então não verão, do alto do Calvário novamente erguido, do Cenáculo onde se renova a Ceia da despedida, a humanidade vir postar-se a seu redor, essa humanidade com a qual não devem perder contato, essa vida que as palavras do Salvador iluminam, essa indigência que sua riqueza socorre e que devem junto com ele socorrer, guiar, salvar por sua vez ao salvarem-se a si mesmos?

A missa os coloca verdadeiramente em estado de eternidade, em espírito de Igreja universal, e no *Ite missa est* – Ide, a missa acabou – estão prontos a ver uma *missão*, seu zelo sendo enviado para junto do despojamento da terra ignorante e desvairada.

A manhã impregnada de todo esse orvalho, refrescada e fortalecida por essas brisas espirituais, não pode deixar de ser fecunda; atirem-se a ela com fé; prossigam nela com coragem; o dia gastará as reservas de luz da aurora; o anoitecer virá antes do esgotamento das luminosidades, como o ano se encerra deixando nos celeiros a semeadura do ano seguinte.

*

O início da noite! Como em geral pouco se sabe santificá-lo, apaziguá-lo, prepará-lo para o sono efetivamente reparador! Como é desperdiçado e poluído, como se consegue desnorteá-lo!

O que dele fazem os homens do prazer, não vamos nem insistir nisso: o caso deles é totalmente diverso do nosso. Mas vejam essas pessoas sérias que chamamos de trabalhadores: homens de negócios, industriais, oficiais de justiça, atacadistas – falo deles globalmente. Quando é chegada a noite, ei-los que "se soltam" e não querem mais saber de nada, liberando seu espírito para a dissipação que teoricamente distrai, jantando, fumando, jogando, conversando na maior gritaria, circulando pelos teatros e casas noturnas, bocejando no cinema e deitando-se "relaxados".

Com efeito, *relaxado*, é assim que se fica, mas da mesma forma que o violino que estivesse com todas as cordas totalmente frouxas. Que trabalho, no dia seguinte, para afinar tudo de novo!

Conheço industriais que se descontraem lendo Pascal, Montaigne, Ronsard, Racine. Enfiados numa confortável poltrona, com uma boa iluminação projetada por trás, num ambiente aquecido, estando a família bem quieta ou produzindo sons muito brandamente a sua volta, eles se põem a viver, depois de se terem fatigado. Esse momento é só deles; esse momento é o momento do homem, depois que o especialista se bateu, com a cabeça e o coração, contra dezenas de dificuldades.

Um intelectual, se não precisa dessa compensação, precisa muito mais ainda dessa calma. Seu serão deve ser um recolhimento, sua ceia uma restauração equilibrada, seu jogo a fácil ordenação do trabalho do dia e a preparação daquele do dia seguinte. São-lhe necessárias suas *Complies* – que tomo desta feita em sentido figurado – que completam e que inauguram, pois todo complemento de um trabalho contínuo, como nós o requeremos, é um começo tanto quanto um término. Fecha-se unicamente para reabrir. O fim do dia é o órgão de ligação entre os fragmentos de cada jornada cuja somatória constitui uma vida. Pela manhã, será preciso viver de imediato: deve-se predispor a isso desde a véspera, nas horas que se seguem ao anoitecer, e também preparar a noite que a seu modo vem soldar, sem nossa participação, umas nas outras, as lides conscientes.

O que quer que pense a ilusão cheia de paixão e de interesse daqueles que no homem se propõem a cultivar o lado boêmio, a vida de dissipação não é um repouso, é um esgotamento. O repouso não pode consistir na dispersão das forças. O repouso é uma retrogradação para longe do esforço, em sentido a suas fontes; é, pois, uma restauração, não um gasto tresloucado.

Bem sei que gastar significa às vezes adquirir: se está então falando de esporte, recreação, e saberemos certamente exigir, e não tolerar tão somente, essa descontração ativa. Mas não é essa a função normal do começo da noite. Nesse período noturno inicial, há um duplo repouso: um espiritual, o outro físico: o repouso em Deus e o repouso na mãe natureza. Ora, o primeiro é a prece que o propicia; quanto ao outro, o descanso do corpo, já que ele antecede o descanso mais completo da noite, cabe-lhe conduzir a este último.

Deve-se pôr em prática, nesse período anterior ao sono, os ritmos lentos cujo modelo é a respiração noturna. Deixar que em nós se exerçam os determinismos fáceis, que os hábitos tomem o lugar das iniciativas, que a rotina do dia a dia substitua o esforço da atividade intensa, em uma palavra, deixar de querer, de certa forma, para que a renúncia da noite se instaure: eis a sabedoria. E a sabedoria se reconhecerá na estrutura dessa vida atenuada, dessa semiatividade que se aquieta. A família terá um papel a cumprir nesse processo; uma conversa tranquila selará a união das almas; se trocarão as impressões do dia, os projetos arquitetados; se confirmarão modos de ver, objetivos; se encontrará reconforto para o declínio do dia; reinará a harmonia e se terá celebrado uma digna vigília para a festa que cada novo dia deve ser para o cristão.

A pessoa adormecida fica com frequência, sem o saber, na postura que ela teve outrora no ventre materno. É um símbolo. O repouso retorna às origens: origens da vida, origens da força, origens da inspiração; ele se revitaliza; o recolher-se em si mesmo geral do cair da noite tem essa significação. Ora, revitalizar-se não pode ser agitar-se; é como refugiar-se, fornecer à seiva humana, por sua concentração pacífica, um revigoramento; é restaurar em nós a vida orgânica e a vida sagrada por uma feliz descontração, pela oração, o silêncio e o sono.

IV. OS INSTANTES DE PLENITUDE

Chegamos aqui ao que não mais é preparo, prolongamento, pausa utilitária, descanso focado no trabalho, mas trabalho propriamente dito e tempo dedicado à concentração estudiosa, ao pleno esforço. Por isso chamaremos esses picos de nossa vida intelectual, considerada sob o aspecto de sua duração, os instantes de plenitude.

A maior parte desta pequena obra não tem outro fim a não ser o de discutir o emprego desse tempo. Assim, só poderá se tratar aqui de distribuí-lo nele mesmo, de centrá-lo, de preservá-lo, de resguardar a "cela interior" contra a invasão que a ameaça.

Tendo os momentos de nossa vida valores muito desiguais e obedecendo a partilha desses valores para cada um a leis diferentes, não se pode dar uma regra absoluta; mas deve-se insistir nisso. Se estudam, tenham respeito pelo que é sua vida, pelo que ela lhes permite, pelo que ela favorece ou proíbe, pelo que ela lhes propõe por si mesma para as horas de fervor produtivo.

Estas terão lugar pela manhã, no início noite, em parte de manhã e em parte ao cair da noite? Cabe unicamente aos senhores decidir, pois só os senhores conhecem suas obrigações e sua natureza, das quais depende a estrutura imposta a suas jornadas.

Quando se dispõe apenas de umas poucas horas as quais se pode distribuir livremente, parece que a manhã deva merecer a preferência. A noite restituiu-lhes as forças; a oração deu-lhes asas; a paz reina a seu redor e o enxame das distrações ainda não começou a zumbir. Mas, para alguns, contraindicações podem surgir. Se o sono for penoso, pode ocorrer que a manhã se mostre ansiosa e entorpecida. Ou está faltando a solidão; fica-se então à espera das horas de isolamento.

Seja como for, uma vez feita a escolha, será indispensável disponibilizar os instantes que se privilegiou e disponibilizar-se a si próprio para seu aproveitamento integral. Tudo deverá ser previsto para que nada venha atrapalhar, dissipar, reduzir ou enfraquecer essa preciosa duração. Querendo para ela a plenitude, excluam as preparações a longo prazo; tomem todas as medidas cabíveis; saibam o que querem fazer e como; reúnam seus materiais, suas anotações, seus livros; evitem ter de se desconcentrar por ninharias.

Além disso, para que esse tempo fique reservado e esteja realmente livre, tenham regularidade no horário e presteza no ato de levantar, além de uma alimentação leve; fujam das conversas vazias, das visitas inúteis; limitem a correspondência ao estritamente necessário; amordacem os jornais. Essas prescrições, que apresentamos como salvaguarda de toda vida de estudo, se aplicam sobretudo ao que constitui seu ponto central.

Estando assim tudo organizado, tudo previsto, logo estarão prontos para o trabalho; poderão se empenhar a fundo, absorver-se e tocar para frente seu intento; sua atenção não sofrerá distrações, seu esforço não ficará fragmentado. Fujam acima de tudo do trabalho feito pela metade. Não imitem aqueles que permanecem por longo tempo à escrivaninha com uma concentração relapsa. Mais vale restringir o tempo e intensificar seu emprego, ampliar seu valor, que é o que de fato conta.

Façam alguma coisa ou então não façam nada. O que decidirem fazer, façam-no fervorosamente, com potência máxima, e que o conjunto de sua atividade seja uma sequência de retomadas com força total. O trabalho pela metade, que é um descanso pela metade, não beneficia nem o descanso nem o estudo.

Invoquem então a inspiração. Se a deusa nem sempre atende, ela nunca deixa de ficar sensibilizada por esforços sinceros. Não se trata de ficarem excessivamente tensos, mas de se situarem, de mirarem o alvo e de limparem o campo visual, como um atirador, de tudo quanto não for o ponto de mira.

Renovem o "espírito de oração"; estejam em estado de eternidade, com o coração submisso ao verdadeiro, o espírito sob as grandes leis, a imaginação estendida como uma asa, seu ser inteiro sentindo acima de si, mesmo durante o dia que elas nunca abandonam, as estrelas silenciosas. Sob seus pés, muito abaixo, estarão os rumores da vida, os senhores nem os perceberão mais, ouvirão tão somente o canto das esferas, que no sonho de Cipião simbolizam a harmonia das forças criadoras.

Abrir-se assim à verdade, abstrair-se de todo o restante, e, por assim dizer, comprar uma passagem para um outro mundo, eis o verdadeiro trabalho. É desse que falamos quando dizemos que duas horas por dia bastam para uma obra. Obviamente, é pouco, mas estando preenchidas todas as condições, em verdade, isso basta e vale mais que as pretensas quinze horas cujos ecos ficam abafados por tantos fanfarrões que vivem se vangloriando.

Certos carrascos do trabalho atingiram de fato cifras fabulosas; seu caso é o que se pode chamar de feliz monstruosidade, a menos que seja uma ruinosa demência. Os trabalhadores normais avaliam que um período de duas a seis horas é o ideal para um trabalho duradouro e realmente fértil. A questão mais importante não se situa aí, ela se situa no emprego, ela se situa no espírito.

Quem conhece o valor do tempo sempre dispõe do suficiente; não podendo alongá-lo, ele o alça, e antes de tudo não o encurta. O tempo tem uma espessura, como o ouro; mais vale uma medalha forte, bem cunhada e de contorno definido do que a lâmina adelgaçada pelo malho do batedor. Malho, malhador: a associação dos termos está aqui justificada. Muitos vivem de aparências, de caprichos improdutivos, de falatórios sem fim e de nenhum trabalho.

É preciso salientar que uma sessão de trabalho profundo não consegue ser mais uniforme do que a vida intelectual em seu todo. Ela tem proporcionalmente as mesmas fases; ela vai adquirindo treino, paulatina e, não raro, penosamente; ela dá o máximo de si, depois fica estafada. É um ciclo completo, com sua manhã de frescor, seu meio-dia ardente, seu anoitecer em declínio. É preciso ser o Josué deste fim de dia para que a batalha sempre curta demais possa prosseguir.

Teremos de voltar às condições dessa claridade protegida. Assinalarei agora uma só dentre elas: defender sua solidão com uma aspereza que não respeita mais nada. Se os senhores têm deveres, deem-lhes no devido tempo o que lhes cabe; se têm amigos, combinem encontros oportunos; se pessoas inconvenientes quiserem se impor, fechem-lhes cortesmente sua porta.

É premente, durante as horas sagradas, não apenas que não sejam interrompidos mas que saibam como proceder para não ter de sê-lo; que uma segurança absoluta os defenda desse lado, para permitir-lhes uma tensão proveitosa. Um luxo de precauções rigorosas nunca será excessivo. Que Cérbero esteja postado à sua porta. Toda exigência de fora é atendida com o que está lá dentro e pode custar a seu espírito a perda de valiosos encontros. "Quando os semideuses se vão, chegam os deuses."[1]

Tomem nota somente de que essa solidão completa, único meio favorável ao trabalho, não deve ser encarada materialmente. Uma presença pode redobrar, em vez de dissipar, sua quietude. Tenham por perto um trabalhador igualmente fervoroso, um amigo absorto em algum pensamento ou alguma ocupação harmoniosa, uma alma de alto nível que compreende sua obra, une-se a ela, apoia seu esforço com um afeto silencioso e um ardor que o seu acendeu: não se trata mais de distração, trata-se de uma ajuda.

Em certos dias, nas bibliotecas públicas, sentimos o recolhimento penetrar em nós e envolver-nos por todos os lados como uma atmosfera. Uma impressão religiosa nos subjuga; não ousaríamos divertir-nos, isso seria decair. Quanto mais houver a nossa volta desses adoradores que prestam ao verdadeiro um culto em espírito e em verdade, quanto mais estivermos sozinhos, tão somente diante do verdadeiro, mais a contemplação nos é simples e deleitável.

Um jovem casal, em cujo lar, no escritório do esposo, vê-se a mesa ou o cesto de trabalhos manuais da esposa, onde o amor sabe planar e manter silêncio, deixando suas asas flutuar ao sabor do vento dos sonhos nobres e da inspiração, é novamente uma imagem do trabalho. Na unidade da vida tal como um casamento cristão a inaugura, há um lugar para a unidade do pensamento e de seu recolhimento necessário. Quanto mais as almas gêmeas estiverem juntas, melhor elas se defenderão contra o exterior.

---

[1] Ralph-Waldo Emerson, *Poems* [Poemas].

Seja como for, uma vez que esteja bem compreendida e bem preparada, a solidão deve ser defendida com obstinação. Não se deve dar ouvidos a ninguém, nem aos amigos indiscretos, nem aos familiares inconscientes, nem aos transeuntes, nem mesmo à caridade. Não se pode ter caridade por tudo ao mesmo tempo. Os senhores pertencem à verdade: a ela irá seu culto. À exceção dos casos indiscutíveis, nada deve prevalecer sobre a vocação.

O tempo de um pensador, quando ele o emprega verdadeiramente, é, analisando corretamente, uma caridade universal; só podemos apreciá-lo dessa forma. O homem do verdadeiro pertence ao gênero humano como o verdadeiro em si: nenhum egoísmo deve ser temido, quando em prol desse sublime e universal benfeitor dos homens nos resguardamos de modo absoluto.

Saibam aliás fazer com que sejam absolvidos afetuosamente por aqueles que estão sendo negligenciados e que ficam com isso magoados. Comprem a solidão; paguem suas liberdades esbanjando demonstrações de delicadeza e préstimos afáveis. É preferível que seu retiro seja mais proveitoso a todos que sua presença ativa. Em todo caso, que ele seja para os outros o menos oneroso possível. Quitem a dívida e que sua independência relativa tenha como contrapeso sua dependência absoluta quando as obrigações reaparecerem.

CAPÍTULO V
O Campo do Trabalho

I. A CIÊNCIA COMPARADA

Não se pode dar conselhos muito específicos sobre o que convém aprender, e menos ainda sobre a dosagem dos elementos incluídos num plano de trabalho. Santo Tomás não faz qualquer menção nesse sentido em seus *Dezesseis Preceitos*. Na verdade, é uma questão de vocação pessoal, que depende em linha direta do objetivo a ser alcançado. Entretanto, algumas indicações são viáveis, e fornecê-las pode ser um ponto de partida para reflexões proveitosas.

Não abordaremos o assunto desde sua origem; estamos falando entre pessoas que ultrapassaram a escolaridade básica e que têm o propósito de organizar ou completar estudos avançados. Nesse estágio, o assunto pede as observações tão interessantes do padre Gratry relativas à *ciência comparada*. Pode-se pensar que o tratamento desse tema nas *Fontes* já está superado, mas o fundo não se alterou e mereceria por parte dos jovens intelectuais sérias meditações.

Ciência comparada, dissemos, e com isso entendemos o alargamento das especialidades pela aproximação de todas as disciplinas conexas, e em seguida a ligação dessas especialidades e de seu conjunto à filosofia geral e à teologia.

Não é sensato, não é profícuo, mesmo que se tenha de seguir uma especialidade muito bem delimitada, fechar-se nela logo de saída. Seria o mesmo que colocar antolhos. Nenhuma ciência basta a si mesma; nenhuma disciplina por si só constitui-se em luz suficiente para seu próprio percurso. No isolamento, ela se encolhe, se seca, se debilita e, na primeira oportunidade, se extravia.

Uma cultura parcial é sempre indigente e precária. Sem pausas, o espírito se ressente; não sei que liberdade de movimentos, que determinação no olhar lhe fazem falta e paralisam seus gestos. Um "fruto seco" é aquele que nada sabe, mas é também aquele que se diminuiu e ressecou por ter prematuramente tornado sua terra exclusiva a uma só cultura.

Pode-se garantir sem paradoxo que cada ciência explorada ao máximo daria as demais ciências, as ciências dariam a poesia, a poesia e as ciências dariam a moral, depois a política e a própria religião, no que há nela de humano. Tudo está em tudo, e uma compartimentação só é possível por abstração. Abstrair não é mentir, diz o provérbio: *Abstrahere non est mentiri*; mas com a condição de que a abstração que distingue, que isola metodicamente, que concentra sua luz num dado ponto, não vá separar do que ela estuda o que lhe está mais ou menos diretamente relacionado. Cortar as comunicações de seu objeto é falseá-lo, pois suas conexões fazem parte dele.

É possível estudar uma peça de relojoaria sem levar em consideração a peça vizinha? É possível estudar um órgão sem se importar com o corpo? Não é tampouco possível progredir em física ou química sem a matemática, em astronomia sem a mecância e sem a geologia, em moral sem a psicologia, em psicologia sem as ciências naturais, em nada sem a história. Tudo está interligado. As luzes se cruzam, e um tratado inteligente em cada uma das ciências faz referência em maior ou menor grau a todas as demais.

Assim, se quiserem garantir para si um espírito aberto, preciso, realmente forte, previnam-se, antes de tudo, contra a especialidade. Estabeleçam suas bases de acordo com a altura até onde querem subir; ampliem o orifício da escavação segundo a profundidade que ela deve alcançar. Entendam, inclusive, que o saber não é nem uma torre, nem um poço, mas uma morada de homem. Um especialista, se não for um homem, não passará de um burocrata; sua esplêndida ignorância fará dele um transviado entre os humanos; ele será desajustado, anormal e doido. O intelectual católico não se pautará nesse modelo. Pertencendo ao gênero humano por sua vocação, seu primeiro querer é nele tomar parte; ele calcará o chão com o pé seguro, por ter uma base de sustentação, e não saltitando nas pontas dos pés.

Nosso saber tentou sondar a noite em todas as direções; nossos cientistas nela mergulham a mão para pegar estrelas; esse nobre esforço não deixa na indiferença nenhum autêntico pensador. Acompanhar até um certo ponto as explorações de cada pesquisador é para os senhores uma obrigação que no final resulta numa capacidade dez vezes mais proveitosa para suas próprias pesquisas. Quando chegarem ao especial, por terem assim vivenciado muita cultura, ampliado sua visão, adquirido o senso das ligações por meio das profundezas, serão um homem diferente do que o que se confina numa estreita disciplina.

Toda ciência, cultivada em separado, não só não se basta a si mesma, mas apresenta perigos que todos os homens sensatos reconheceram. A matemática tomada isoladamente deturpa o raciocínio, habituando-o a um rigor que nenhuma outra ciência, e menos ainda a vida real, comporta. A física e a química obcecam por sua complexidade e não conferem ao espírito nada de amplo. A fisiologia leva ao materialismo, a astronomia à divagação, a geologia os transforma num cão de caça farejador, a literatura os esvazia, a filosofia os estufa, a teologia os abandona ao falso sublime e ao orgulho doutoral. É preciso passar de um espírito ao outro a fim de corrigi-los um pelo outro; é preciso alternar as culturas para não arruinar o solo.

E não pensem que levar *até um certo ponto* esse estudo comparado seja sobrecarregá-los e atrasá-los no estudo de uma especialidade. Não estarão sobrecarregados, pois as luzes descobertas na comparação os aliviarão, pelo contrário, em tudo; assumindo maior amplitude, seu espírito estará mais capacitado a receber sem arcar com qualquer sobrepeso.

Quando se acessa o centro das ideias, tudo fica mais fácil, e qual o melhor meio de ter acesso ao centro senão testando diferentes vias que dão, todas, como os raios de um círculo, a sensação de um encontro num cruzamento comum?

Conheço um linguista que em quinze dias consegue deslindar uma língua nova. Por quê? – porque ele domina muitas outras. Num relance ele capta o espírito de seu novo idioma, seus caracteres fundamentais, sua constituição completa. As ciências são as diversas línguas nas quais a natureza inefável é penosamente balbuciada pelos homens; decifrar várias delas é favorecer cada uma, pois no fundo elas são apenas um.

Além do mais, o instinto potente e o entusiasmo despertados, em todo homem efetivamente capaz, por essa maneira de viajar através das ciências, de explorar esses magníficos domínios como se visita sucessivamente os fiordes da Noruega, o Corno de Ouro, os hipogeus do Egito, os pampas da América e os palácios chineses, esse ardor de certa forma épico de que é tomada uma inteligência enérgica, ao entrar em contato com as grandezas do espírito, transmite ao estudo uma vitalidade e facilidades extraordinárias.

Um rabino que era acusado de sobrecarregar a lei respondia: Quando um recipiente está preenchido com nozes, pode-se ainda deitar nele muitas medidas de azeite; aí está uma pessoa cheia de zelo que, pela aptidão espiritual, corresponde ao calor que dilata os corpos. Um cálice sob o sol tem uma capacidade maior do que à sombra. Um espírito enlevado ante o espetáculo do verdadeiro, e graças a ele vicejante como um arco-íris, torna-se capaz de absorver sem fadiga, com alegria, conhecimentos que deixariam triste o sectário de uma só ciência.

Os maiores dentre os grandes homens sempre deram mostras de uma maior ou menor tendência para a universalidade. Atingindo a excelência em determinada área, eles se constituíram nas demais pelo menos em curiosos, com frequência em cientistas, quando não em especialistas também. Ninguém conseguiria confinar numa só cultura homens tais como Aristóteles, Bacon, Leonardo da Vinci, Leibnitz ou Goethe. Henri Poincaré, na Academia das Ciências, surpreendia os colegas de todas as seções por suas percepções geniais; consultá-lo era colocar-se de pronto no centro do saber, onde não há mais ciências diversificadas.

Os senhores não têm tamanha pretensão? Que seja! Mas para cada qual, proporcionalmente, que o que os grandes praticaram permaneça um parâmetro frutífero. Tracem para si um plano extenso, que pouco a pouco se reduzirá em função do tempo dedicado a cada estudo secundário, jamais em função da amplidão do enfoque e do espírito do trabalho.

Escolham bem seus conselheiros. Um só por quem se optou entre mil para o conjunto, e outros, cada qual para uma parte, caso necessário. Distribuam o tempo; organizem a sucessão dos estudos: isso não pode se dar ao acaso.

Em cada coisa, vão direto ao essencial; não se demorem em minúcias: não é às minúcias que as ciências devem sua consistência; é com frequência pelo detalhe, sim, mas o detalhe característico, isto é, novamente, o fundo.

Aliás, os senhores não poderão orientar-se nisso tudo antes de passar pelo que ainda resta a dizer.

Assim como nenhuma ciência particular basta a si mesma, assim também o conjunto das ciências não basta a si mesmo sem a rainha das ciências: a filosofia,[1] nem o conjunto dos conhecimentos humanos sem a sabedoria proveniente da própria ciência divina: a teologia.

O padre Gratry expressou a esse respeito verdades capitais, e Santo Tomás, muito mais profundamente ainda, demarcou o lugar, a ordem dessas duas rainhas de um duplo reino.[2] As ciências, sem a filosofia, se descoroam e se desorientam. As ciências e a filosofia, sem a teologia, se descoroam bem mais ainda, já que a coroa que elas repudiam é uma coroa celeste, e elas se desorientam mais irremediavelmente, pois a terra sem o céu não encontra mais nem a trajetória de sua giração, nem as influências que a tornam fecunda.

Hoje que a filosofia está esmorecendo, as ciências se rebaixam e se dispersam; hoje que a teologia está sendo ignorada, a filosofia é estéril, ela não tem voz ativa em nada, ela faz críticas sem usar a bússola e, igualmente sem bússola, história; ela é sectária e destrutiva com frequência, ela se mostra compreensiva e acolhedora por vezes, nunca ela é tranquilizadora, verdadeiramente esclarecedora; ela não ensina. E para seus mestres que têm a dupla infelicidade de ignorar e de ignorar que eles ignoram, a teologia é uma coisa do outro mundo.

---

[1] É digno de nota que atualmente o cientista seja convidado por sua própria ciência a elucidar problemas que até então diziam respeito tão somente à filosofia: causalidade, determinismo, probabilidade, contínuo e descontínuo, espaço, tempo etc. Pela lógica, é do filósofo que o cientista deveria tomar emprestadas essas noções; mas aquele, na maioria das vezes, se esgueira, muito satisfeito com seus antigos quadros de referência, e o cientista vê-se obrigado a filosofar por si mesmo, o que ele faz sem qualquer experiência e não raro erradamente.

[2] Veja-se inclusive, na *Suma Teológica*, toda a *Primeira Questão*; no *Comentário* ao *De Trinitate* de Boécio, a *Questão II*ª, art. 2; no *Contra Gentes*, o cap. Iº do Iº Livro.

Sim, certamente, do outro mundo, é o que a teologia efetivamente é quanto a seu objeto; mas o outro mundo sustenta este aqui, continua-o em todas as direções, para trás, para a frente, para lá em cima, e não é de se espantar que ele ilumine.

Se o intelectual católico pertence a seu tempo, ele não pode fazer nada que seja melhor do que trabalhar e cumprir sua parte para nos restituir a ordem que está fazendo-nos falta. A maior necessidade desta nossa época no tocante à doutrina não é uma dose de saber, é a harmonia do saber, harmonia que não se obtém senão com um apelo aos princípios primeiros.[3]

A ordem do espírito deve corresponder à ordem das coisas e, já que o espírito não se instrui verdadeiramente a não ser pela busca das causalidades, a ordem do espírito deve corresponder à ordem das causas. Logo, se há um Ser primeiro e uma Causa primeira, é aí que se finda e se ilumina em sua derradeira etapa o saber. Enquanto filósofo primeiramente, por meio da razão; enquanto teólogo em seguida, fazendo uso da luz vinda das alturas, o homem da verdade deve centrar sua pesquisa no que é ponto de partida, regra e fim a título absoluto, no que é tudo para tudo, como para todos.

A ordem vem apenas, independentemente do tipo de objetos ou de disciplinas, no momento em que os princípios, hierarquicamente ordenados até o princípio primeiro, assumem seu papel de *princípios*, de *cabeças*, como no exército, como numa casa bem ordenada, como junto a um povo. Hoje, os princípios primeiros, nós os repudiamos, e o saber debandou. Não temos mais que lascas, trapos brilhantes de vidrilhos e nenhum traje correto, capítulos brilhantes e nenhum livro terminado, nenhuma Bíblia.

As Bíblias do saber outrora foram as *Sumas*: não dispomos mais de Sumas, e nenhum de nós está capacitado para escrever uma. Tudo está caótico. Mas, na pior das hipóteses, se uma Suma coletiva ainda é prematura, pelo menos cada homem que pensa e deseja verdadeiramente *saber* pode tentar estabelecer sua

---

[3] Charles Dunan escreveu esta observação marcante: "Para a filosofia moderna, os problemas transcendentes são nulos e inexistentes. Mas a recíproca é verdadeira: se esses problemas existem, é a filosofia moderna que não existe". *Les Deux Idealismes* [Os Dois Idealismos]. Paris, Alcan éd., 1911, p.182.

Suma pessoal, isto é, introduzir a ordem em seus conhecimentos por um chamado aos princípios dessa ordem, quer dizer, filosofando, e coroando sua filosofia com uma teologia sumária, conquanto profunda.

Os estudiosos cristãos, desde o início até o fim do século XVII, foram todos teólogos, e os estudiosos, cristãos ou não, até o século XIX, foram todos filósofos. Desde então, o saber se rebaixou; ele ganhou em superfície o que perdeu em altura, logo também em profundidade, pois a terceira dimensão tem dois sentidos que se correspondem. Que o católico consciente dessa aberração e de suas consequências possa não sucumbir-lhes; tendo-se tornado intelectual ou desejoso de sê-lo, que ele almeje a intelectualidade por completo; que ele tente abranger todas as suas dimensões.

A teologia, dizia o padre Gratry, veio inserir na árvore da ciência um enxerto divino, graças ao qual essa árvore pode dar frutos que não são os seus. Nada se subtrai de sua seiva, dá-se a ela, pelo contrário, uma circulação gloriosa. Em razão desse novo impulso conferido ao saber, desse apelo aos dados humanos para uma colaboração com o celestial, todos os conhecimentos são revigorados e todas as disciplinas alargadas. A unidade da fé dá ao trabalho intelectual o caráter de uma cooperação imensa. É a obra coletiva dos humanos unidos em Deus. E é por isso que a ciência cristã, tal como é e bem mais ainda quando tiver sido escrita a Suma dos tempos modernos, não pode senão superar em amplidão e em inspiração todos os monumentos da Antiguidade e do neopaganismo. As Enciclopédias não estão mais próximas disso do que Babel de nossas catedrais.

Estando em busca da verdade, não se deveria poder ignorar tamanho tesouro. Espero que a próxima geração, posta no caminho pela atual que tão notoriamente superou a anterior, aborde de frente e sem respeito humano a ciência das ciências, o cântico dos cânticos do saber, a teologia inspiradora e única finalmente concludente. Ela encontrará ao mesmo tempo a maturidade e a aspiração, o lirismo potente e calmo que constitui a vida completa do espírito.

*

Não é tão difícil quanto se pensa penetrar na teologia, e não é um estudo muito longo, no grau em que se trata de obtê-lo. Adotá-lo como especialidade já seria algo bem diferente. Dediquem-lhe quatro horas semanais pelos cinco ou seis anos que se supõe ser a duração de uma formação, será mais do que suficiente; bastará, depois, fazer com que isso se conserve vivo.

Mas, acima de tudo, não confiem em falsos mestres. Abordem já de início Santo Tomás de Aquino. Estudem a *Suma*, não sem antes informarem-se do modo mais acurado possível sobre o conteúdo da fé. Tenham à mão o *Catecismo do Concílio de Trento*, que por si só já é uma condensação primorosa da teologia.[4] Dominem plenamente o conteúdo desse manual e prossigam com Santo Tomás, um dia de cada vez, o desenvolvimento racional da ciência divina. O texto lhes parecerá primeiro seco, abscôndito; em seguida, progressivamente, luzes proeminentes brilharão; uma vez vencidas as primeiras dificuldades, haverá a recompensa de novas vitórias; os senhores aprenderão a língua do país e, ao cabo de algum tempo, lá circularão como se estivessem em casa, com a sensação de que esse em casa é uma morada sublime.

Estudem, bem entendido, em latim! As traduções da *Suma* cometem com frequência traições; e sempre deixam a desejar. Aquele que desistiria em função do pequeno esforço de chegar a fazer uso com desembaraço de uma língua que um espírito normal domina ao fim de dois meses não mereceria que nos preocupássemos com sua formação.[5] Estamos falando com os fervorosos: que estes, desejosos de penetrar no "celeiro de vinhos", se deem ao trabalho de procurar a chave.

Alguma obra introdutória que lhes desse uma visão geral preparatória e lhes servisse de degustação prévia do conteúdo de Santo Tomás seria útil.

---

[4] A título de auxílio, permitam-me mencionar o *Catéchisme des Incroyants* [Catecismo dos Descrentes], publicado pela editora Flammarion com o objetivo de facilitar para nossos contemporâneos a compreensão da doutrina cristã e de seus fundamentos.

[5] Alguns julgaram, lendo essa frase, que o autor tinha algum segredo para ensinar o latim a alguém em dois meses! Não se trata do latim, trata-se da linguagem de Santo Tomás, que está para o latim clássico aproximadamente como a "Montagne Sainte-Geneviève" está para o "Pic du Midi". O vocabulário tomista é tão reduzido, as expressões sempre tão marcadamente as mesmas e tão distantes do que constitui as dificuldades do latim que efetivamente apenas a preguiça poderia recuar visto tratar-se, e por um preço irrisório, de um tesouro.

Não se demorem nela; mas aceitem essa mão estendida que os impulsionará para o início da jornada.⁶

Por outro lado, um orientador que tivesse a mente aberta e boa informação seria no começo de uma imensa ajuda; eu ia dizer uma ajuda imprescindível. Ele os iniciaria progressivamente no vocabulário específico do tomismo, os pouparia de hesitações e mal-entendidos, esclareceria um texto por outro texto, apontar-lhes-ia trilhas e protegeria sua caminhada dos passos em falso. Entretanto, ciente como estou do quão prejudiciais podem ser os amigos inabilidosos, do esfriamento e da espécie de escandalização que podem ocasionar certos comentários impensados, digo-lhes: procurem preferivelmente a solidão a um auxílio obtuso. Tentem quebrar a noz; ela vai ferir-lhes as mãos, mas ela acabará cedendo, e o próprio Santo Tomás assumirá a instrução de seu discípulo.

Para esse fim, consultem cuidadosamente, a propósito de cada artigo, os diferentes trechos aos quais as edições os remetem; consultem o *Index Tertius*, esse tesouro imperfeito, mas tesouro assim mesmo; comparem; façam com que os documentos se completem uns aos outros, se comentem entre si, e passem à redação de seu próprio artigo. Ginástica excelente, que proporcionará a seu espírito flexibilidade, energia, exatidão, horror ao sofisma e às imprecisões, abrangência e, ao mesmo tempo, acumulação progressiva de noções claras, profundas, bem concatenadas, sempre em conexão com seus princípios primeiros e constituindo, por sua interação, uma síntese consistente.

II. O TOMISMO, QUADRO IDEAL DO SABER

Eis que fui levado de maneira muito natural a expor meu pensamento com relação ao tomismo considerado enquanto quadro para uma ciência comparada.

---

⁶ Veja-se como obra básica: Jacques Maritain, *Éléments de Philosophie* [Elementos de Filosofia], Téqui, 1920. Para o estudioso mais adiantado: A.-D. Sertillanges, *Saint Thomas d'Aquin* [Santo Tomás de Aquino], na Collection des Grands Philosophes, Aubier éd.

Não haveria como contestar a utilidade de se estar em poder, o quanto antes, desde o início se possível, de um conjunto de ideias condutoras formando um corpo e capaz, como um imã, de atrair e de submeter a si todos os nossos conhecimentos. Quem não dispõe disso se assemelha, no universo intelectual, ao viajante que cai muito facilmente no ceticismo por frequentar tantas civilizações desencontradas e tantas doutrinas contraditórias.

Esse desvario é um dos infortúnios desta época. Afastar-se dele, graças ao equilíbrio intelectual que uma doutrina segura propicia, é algo incomparavelmente benéfico. Ora, o tomismo, a esse respeito, é soberano.

Aqui estou já à espera de protestos. Deparei-me com eles em 1920, tenho de prever outros mais. Assim, penso ser útil dizer a quem se dispuser a acreditar, por pouco que seja, em mim: quanto mais eu avanço, mais me convenço de que aí se encontra verdadeiramente o futuro para nossas inteligências católicas, para seu valor em si mesmas, e, de mais a mais, e *mais do que tudo*, para sua adaptação a este tempo atual. O que quer que digam os partidários da última moda, o peso de uma doutrina e sua novidade são duas coisas diferentes. O gênio datado não existe. Visto tratar-se das coisas eternas, a sabedoria consiste em reportar-se a quem soube mergulhar, numa data qualquer do tempo, o mais profundamente no coração da eternidade.

Devo ainda assinalar aqui um obstáculo. Deslumbradas com a glória de Santo Tomás, certas pessoas o abordam com entusiasmo. Vamos ver! E depois de terem percorrido duas ou três páginas, já estão desanimadas. É que, sem sequer se darem conta, elas esperavam encontrar aí, em vez de pesadas barras de ouro, as joias da última moda e, obviamente, ficam desapontadas. É porém um erro abordar as obras-primas do pensamento como as da arte ou da natureza, comparando-as à ideia vaga e falsamente grandiosa que delas se tinha. Elas não conseguem preencher o quadro geral de uma tal expectativa. Em compensação, suas sólidas perfeições não deixam de existir e é estupidez abrir mão delas por não ter esperado encontrá-las, por não se adaptar a elas.

Consequentemente, vou persistir em dizer aos jovens católicos que estão me lendo: estudem Santo Tomás, é o homem deste tempo. Dá a impressão de ter sido criado com sete séculos de antecedência para saciar nossa sede. Comparado à água lamacenta que nos servem, ele é uma fonte cristalina. Depois de ter superado mediante um esforço enérgico as primeiras dificuldades de uma exposição arcaica, ele tranquiliza seu espírito, assenta-o em plena luz e lhe fornece um quadro a um só tempo maleável e resistente para suas aquisições ulteriores.

O tomismo é uma síntese. Não é, por esse motivo, uma ciência completa; mas a ciência completa pode apoiar-se nele como num poder de coordenação e de sobre-elevação quase milagroso. Se um papa pôde dizer da obra de Santo Tomás examinada em detalhe *Quot articuli, tot miracula*, de modo bem mais justificado ainda o conjunto pode ser classificado como um prodígio.

Estudem esse sistema, apreciem suas características, julguem suas ideias mestras, depois sua ordem, depois a fecundidade de sua genealogia descendente, a abertura de ângulo ou, melhor dizendo, a capacidade vital de cada noção diante dos fatos e noções acessórias que podem alimentá-la: verão com espanto que nenhum conjunto parcial pode ser comparado a esse enquanto força de atração referente ao todo, que nenhuma semente tem mais poder para absorver e canalizar as seivas da terra.

O tomismo é uma posição do espírito tão bem escolhida, tão distante de todos os extremos onde se abrem os abismos, tão central em relação aos cumes, que se é logicamente conduzido a ele a partir de todos os pontos do saber, e a partir dele se irradia, sem fraturas do caminho, em todas as direções do pensamento e da experiência.

Outros sistemas se contrapõem aos sistemas vizinhos: esse os concilia numa luz mais elevada, tendo investigado o que os seduzia e preocupando-se em reconhecer tudo que há neles de correto. Outros sistemas foram renegados pelos fatos: esse vem a seu encontro, os envolve, os interpreta, os classifica e os consagra como se fosse um direito deles.

Metafísica alguma oferece às ciências da natureza princípios de ordenação e de interpretação profunda de maior ajuda; psicologia racional alguma está mais bem integrada ao que a psicologia experimental e as ciências anexas descobriram; cosmologia alguma é mais flexível e mais acolhedora para com os achados que desconcertaram tantos antigos devaneios; moral alguma presta melhor serviço ao progresso da consciência humana e das instituições.

Não me é possível tentar provar aqui, mesmo que ligeiramente, a pertinência dessas afirmações; fico no aguardo de que cada um o sinta por si, é questão de ter confiança. Ora, a confiança do católico não deve dirigir-se espontaneamente àquela que foi investida com a missão e a graça de guiar do alto o enlevo de seu espírito?

A Igreja crê hoje, como ela acreditou desde o primeiro momento, que o tomismo é uma arca salvadora, capaz de manter flutuando os espíritos no dilúvio das doutrinas. Ela não o confunde com a fé, nem tampouco com a ciência em toda a sua extensão; ela sabe que ele é falível e que ele tomou parte, em tudo que se constituiu em teoria transitória, nos erros através dos tempos; porém ela julga que sua estrutura corresponde em seu todo à constituição do real e da inteligência, e ela constata que tanto a ciência como a fé lhe trazem uma contribuição, pois ele próprio se posicionou entre ambas como uma fortaleza no cruzamento das estradas.

*

Não se pode impor nada num domínio tal como esse; mas digo àqueles que se decidirem pela ciência comparada, isto é, que tomarem o propósito de desenvolver simultaneamente as ciências particulares, a filosofia e a teologia como constituindo-se numa mesma e única pesquisa: consultem a si próprios; procurem encontrar em seu coração fé suficiente em seu guia muitas vezes centenário para não incorrer em negociações a respeito do que deve ser uma livre adesão filial. Se conseguirem, sua fidelidade será recompensada; subirão a uma altura que é desconhecida tanto do solipsismo orgulhoso quanto da modernidade sem base eterna.

III. A ESPECIALIDADE

Completemos sem delongas o que acabamos de dizer acerca da ciência comparada, para que não se pense que sob esse pretexto estejamos forçando uma ciência enciclopédica. Quanto mais se souber, sob certas condições, tanto melhor; mas, em verdade, as condições não podendo ser preenchidas – hoje menos do que nunca –, o espírito enciclopédico é inimigo da ciência.

A ciência constitui-se de profundidade mais do que de superfície. A ciência é um conhecimento pelas causas e as causas mergulham como raízes. É sempre preciso sacrificar a extensão à penetração, pela razão de que a extensão, em si mesma, não é nada, e que a penetração, ao nos introduzir no centro dos fatos, nos fornece a substância do que se procurava numa busca sem fim.

Argumentamos no sentido de uma certa extensão, porém era em prol da própria profundeza e a título de formação. Uma vez obtida a formação e assegurado o aprofundamento de suas possibilidades, é preciso pôr-se a cavar, e só a especialização o permite.

Ocorre frequentemente que o que é indispensável num primeiro momento se torne hostil posteriormente. A hostilidade se manifestaria aqui de inúmeras maneiras e ela acarretaria a decadência do espírito por diversos caminhos.

Em primeiro lugar, cada um tem suas capacidades, seus recursos, suas dificuldades interiores ou exteriores, e é o caso de se perguntar se seria sábio cultivar tanto aquilo para o que se foi feito quanto aquilo que fica mais ou menos fora de sua alçada. Vencer uma dificuldade é bom e é necessário, mas a vida intelectual não deve virar uma acrobacia permanente. É muito importante trabalhar num estado de alegria, logo de facilidade relativa, logo segundo suas aptidões. É preciso, seguindo num primeiro momento por diversos caminhos, descobrir-se a si mesmo e, uma vez a par de sua vocação específica, nela estabelecer-se.

Em seguida, um perigo está à espreita dos espíritos que se expandem em demasia: o de se contentar com pouco. Satisfeitos com suas explorações através de tudo, eles interrompem seu esforço; seus progressos, acelerados de início, são os de um fogo-fátuo sobre a terra. Nenhuma energia se despende por muito tempo se não for estimulada pela dificuldade crescente e sustentada pelo interesse também crescente de escavações trabalhosas. Tendo o conjunto sido examinado, avaliado em suas relações e sua unidade à luz dos princípios fundamentais, torna-se urgente, se não se quiser andar sem sair do lugar, lançar-se numa tarefa específica, delimitada, proporcional a suas forças, e entregar-se a ela desde então do fundo do coração.

Nossas propostas de há pouco encontram aqui sua recíproca. Dizíamos: é preciso tomar diversos caminhos para experimentar a sensação dos encontros; é preciso abordar a terra usando de largueza para chegar a profundezas. Feito isso, se se pensar exclusivamente em cavar no centro, o estreitamento aparente trará proveito ao espaço todo, o fundo do buraco mostra o céu inteiro. Assim que se sabe algo a fundo, contanto que não se seja totalmente ignorante quanto ao restante, este restante em toda a sua extensão se beneficia da viagem rumo às profundezas. Todos os abismos se parecem e todos os fundamentos se comunicam.

Além disso, supondo-se que se decida enfrentar com uma mesma e duradoura energia todos os ramos do saber, de pronto se estará diante de uma tarefa impossível. O que se fará então? Tendo pretendido ser legião, se terá esquecido de ser alguém; visando ser gigante, fica-se diminuído enquanto homem.

Cada qual, na vida, tem sua obra; ele tem de se dedicar a ela com aplicação e coragem, e deixar para outrem o que a Providência reserva para outrem. Deve manter-se distante da especialização enquanto se tratar de tornar-se um homem culto e, no tocante ao herói destas páginas, um homem superior; mas é necessário novamente apelar para a especialidade quando se tratar de ser um homem no exercício de uma função e propondo-se a ter um rendimento útil. Em outras palavras, é preciso *compreender* tudo, mas com o objetivo de conseguir *fazer* alguma coisa.

IV. OS SACRIFÍCIOS NECESSÁRIOS

Concluam, a partir disso, a obrigação de se decidirem, no devido tempo, pelos sacrifícios necessários. É muito doloroso ter de se dizer: ao optar por um caminho, deixo de lado mil outros. Tudo é interessante; tudo poderia ser útil; tudo atrai e seduz o espírito generoso, mas há a morte e há as necessidades do espírito e das coisas: não há alternativa a não ser submeter-se e contentar-se, em lugar do que o tempo e a sabedoria lhes furtam, com o olhar de simpatia que será uma nova homenagem ao verdadeiro.

Não tenham vergonha de ignorar o que os senhores poderiam conhecer tão somente pelo preço da dispersão. Tenham humildade quanto a isso, sim, pois é assim que ficam demarcados nossos limites. Porém, os limites que aceitamos são parte de nossa virtude; uma grande dignidade resulta daí, a do homem que permanece dentro de sua lei e desempenha seu papel. Somos muito pouco, mas fazemos parte de um todo e é para nós uma honra. O que não fazemos, nós o fazemos mesmo assim: Deus o faz, nossos irmãos o fazem, e nós estamos com eles na unidade do amor.

Não acreditem, pois, que tudo lhes é possível. Avaliem-se, avaliem sua tarefa. Após algum inevitável tateio, saibam limitar-se sem rigidez; conservem, mediante leituras e, se necessário for, pequenos trabalhos, o benefício das primeiras aprendizagens, o contato com as vastidões, porém quanto à parte principal de seu tempo e de suas forças, concentrem-se. O semicientista não é quem só sabe metade das coisas, é aquele que só as sabe pela metade. Saibam o que decidiram saber e deem uma olhada no restante. O que não pertencer a sua vocação própria, entreguem-no a Deus que disso cuidará. Não sejam desertores de si mesmos, por ter querido substituir-se a todos.

CAPÍTULO VI

O Espírito do Trabalho

I. O FERVOR DA PESQUISA

O campo do trabalho uma vez determinado, é aconselhável definir o espírito que deverá animar o trabalhador, e trata-se em primeiro lugar, antes de qualquer meio específico de pô-lo em aplicação, de um espírito de zelo. "Instrui-te com tuas dúvidas", diz Santo Tomás a seu discípulo.

Um espírito ativo está constantemente em busca de alguma verdade que é para ele, naquele instante, a figuração dessa verdade integral à qual ele votou seu culto. A inteligência é igual à criança, em cujos lábios os "por quê?" não têm fim. Um bom educador deixaria sem resposta essa inquietação tão fecunda? Não vai ele tirar proveito de uma curiosidade que desponta, como um apetite juvenil, para dar ao organismo espiritual nascente uma alimentação substancial? Nossa alma não envelhece; ela está sempre em crescimento; com relação à verdade, ela será sempre uma criança. Estando nós próprios encarregados de sua educação permanente, não devemos, tanto quanto possível for, deixar sem solução nenhum dos problemas que se apresentarem no decorrer de nosso trabalho nem sem conclusão apropriada nenhuma de nossas investigações.

Que o estudioso esteja, portanto, sempre à escuta da verdade. Enquanto estiver debruçado sobre sua tarefa, o Espírito sopra em seu interior, revela-se talvez no meio externo, envia seus profetas, homens, coisas, livros, eventos: a alma atenta não deve desconsiderar nada; pois esse espírito do verdadeiro, tal como a graça, frequentemente passa para não mais voltar. Ele próprio, aliás, já não é em si uma graça?

O grande inimigo do saber é nossa indolência. É essa preguiça original que repugna o esforço, que acaba aceitando, por capricho, aqui ou ali, dar o máximo de si, mas cai novamente bem depressa num automatismo indiferente, achando que um ritmo de trabalho intenso e constante é um verdadeiro martírio. Um martírio, talvez, levando-se em conta nossa constituição; mas esse martírio, deve-se estar preparado para ele ou renunciar ao estudo, pois o que se há de fazer sem energia varonil? "Tu, ó Deus, Tu vendes todos os bens aos homens pelo preço do esforço", escrevia Leonardo da Vinci em suas anotações. Ele mesmo tinha-o claro na memória.

O espírito é como o aeroplano que não pode se manter em altitude se não avançar com a hélice em rotação máxima. Parar é desabar. Em contrapartida, um fervor pertinaz pode nos levar para além de todos os limites previstos por nossos sonhos. As pessoas geralmente não sabem a que ponto a inteligência é plástica e receptiva a estímulos. Disse Bossuet: "O espírito do homem pode descobrir até o infinito, apenas sua preguiça impõe limites à sua sabedoria e suas descobertas". O que tomamos por barreira não passa na maioria das vezes do emaranhado de nossos defeitos e de nossas negligências sensuais. Entre conceber e projetar, projetar e executar, executar e perfazer, quantas protelações, quantos tropeços! O hábito do esforço condensa essas etapas e faz com que se passe da concepção à finalização por um declive rápido. O homem de força arma à sua frente a escada de Jacó, para as subidas e descidas dos anjos que nos visitam.

Certos espíritos chegam prontamente a um ponto em que o que adquiriram já os satisfaz. Como trabalharam de início, perderam a sensação de seu vazio. Não se dão conta de que estamos sempre vazios daquilo que efetivamente não temos e que, num campo de descoberta ilimitado, não é admissível que se possa jamais dizer a si mesmo: vamos parar por aqui. Se o objetivo é meramente contar ou obter vantagens, um pequeno estoque de pensamentos pode ser o bastante. Muitos agem assim, lançando mão de um biombo delicado para esconder de outrem e de si próprio uma vasta ignorância. Mas uma vocação autêntica não fica satisfeita com tão pouco; ela considera que cada ganho é um ponto de partida. Saber, procurar, saber de novo e partir novamente para procurar outra vez, é esta a vida de um homem votado ao verdadeiro, tal como acumular, independentemente do valor de sua fortuna, é o objetivo do avarento. O intelectual sincero diz a cada dia ao Deus da verdade: "o zelo por tua morada me devora".

É numa fase mais tardia que, mais do que nunca, convém precaver-se contra esse tipo de tentação. É conhecido o caso daqueles que são chamados de "bonzos", velhos sábios que sufocam sob o peso das honrarias, que são esmagados de exigências e perdem em encenações o tempo que dedicavam no passado às descobertas. Embora mais bem equipados, eles não produzem mais; gozam da admiração geral, e não são mais senão a sombra de si mesmos. Dizia-se do pintor Henner, no fim de sua vida: "Ele só pinta falsos Henner". Não subscrevo a essa opinião, mas a formulação é cruel e, para todos aqueles a quem ela pudesse se aplicar, temível. Tem de reconhecer-se que também nos jovens se nota essa senilidade prematura que, cheia de felicidade diante de um achado real ou aparente, o explora até a exaustão e desperdiça para esticar um fio quase até seu ponto de ruptura um empenho que encontraria melhor uso na fundição de um lingote ou na cunhagem de uma medalha.

Um pensador autêntico aborda seu trabalho num espírito totalmente diverso; ele é movido por um instinto de conquistador, um arroubo, um ímpeto e uma inspiração heroicos. Um herói não se imobiliza, não se limita. Um Guynemer encara uma vitória como um treino para uma outra vitória; pautando-se num modelo todo-poderoso, ele voa, faz nova investida, atinge o adversário, volta-se para outro e considera que só a morte é o fim de sua carreira.

Deve-se sempre procurar, sempre se esforçar. A natureza estimula a árvore silvestre a reflorescer, o astro a brilhar, a água a fluir, correndo declive abaixo, contornando os obstáculos, preenchendo os vazios, sonhando com o mar que a espera lá longe, aonde ela talvez chegue. A criação em todos os seus estágios é uma aspiração contínua: o espírito, que é potencialmente todas as coisas, não pode limitar por si mesmo suas formas ideais, não mais do que as formas naturais das quais elas são o reflexo. A morte o limitará, e também sua impotência: que pelo menos sua coragem fuja das fronteiras da preguiça. O infinito que está a nossa frente quer o infinito de nosso desejo para corrigir tanto quanto possível o desfalecimento de nossa força.

II. A CONCENTRAÇÃO

Esse espírito de zelo deve conciliar-se com uma concentração que todos os homens com pensamento profundo nos recomendam. Não há nada tão desastroso quanto a disseminação. Difundir a luz é enfraquecê-la em proporções geometricamente crescentes. Pelo contrário, concentrem-na por meio da interposição de uma lupa, e o que mal estava aquecido pela livre radiação queima no foco onde a ardência se avulta.

Que seu espírito aprenda a exercer esse efeito de lupa, graças a uma atenção convergente; que sua alma esteja toda tendida para o que se instalou em seu interior sob a forma de ideia dominante, de ideia absorvente. Ordenem os trabalhos, de modo a poderem entregar-se a eles integralmente. Que cada tarefa os envolva a fundo, como se ela fosse única. Era o segredo de Napoleão; é o de todos os grandes ativos. Os próprios gênios não foram grandes senão pela aplicação de toda a sua força no ponto em que eles tinham decidido investir-se por completo.

Deve-se deixar cada coisa transcorrer por si, realizá-la no devido tempo, reunir todas as condições necessárias para esse fim, dedicar-lhe a totalidade dos recursos de que se dispõe e, uma vez que ela tiver sido executada, passar tranquilamente para outra. O que se acumula assim, sem arruinar-se em agitação inútil, é inacreditável.

Isso não quer dizer que não se possam ter vários trabalhos paralelos em andamento; isso é até necessário; pois para conseguir um certo distanciamento, para avaliar-se melhor e eventualmente corrigir-se, para descansar de um esforço por meio de outro, talvez também por razões acidentais, não se pode evitar a interrupção e a troca das tarefas. Mas então o que dizemos acerca da concentração se aplica a cada atividade e a cada retomada que lhe diga respeito. No momento em que se estiver desenvolvendo essa questão específica, será preciso excluir aquela outra, estabelecer um sistema de separação estanque, levar o mais longe possível o ponto abordado e só depois proceder a uma permuta.

Os vaivéns nunca levam a bons resultados. O viajante que se desloca às apalpadelas e opta sucessivamente por várias estradas fica estafado, perde o ânimo e não progride. Pelo contrário, prosseguir continuamente por um caminho e alternar retomadas enérgicas com descansos oportunos, o que se dá quando a primeira fase da atividade foi encerrada satisfatoriamente, é a maneira de produzir com rendimento máximo e ao mesmo tempo de conservar o pensamento em pleno frescor e a coragem intacta. A alma de um autêntico trabalhador, a despeito de suas preocupações múltiplas e sucessivas, deveria sempre, entre dois pensamentos fervorosos sobre o obstáculo, mostrar-se serena e nobre como a aglomeração das nuvens sobre a linha do horizonte.

Acrescente-se a isso que essa lei aplicável a toda atividade fica reforçada quando se tratar de pensamento puro, em razão da unidade do verdadeiro e da importância de manter todos os seus elementos em nosso campo de visão para que a claridade possa irromper. Cada ideia, por menor que seja, é de uma riqueza infinita. Estando interligada a todas as demais, ela pode assim se regenerar incessantemente. Enquanto suas dependências esclarecedoras se descobrirem, enquanto o verdadeiro irradiar, não distraiam o olhar, não larguem o fio que os conduz através do labirinto; semeiem o grão da reflexão fecunda e depois o da nova planta; não se cansem nem do cultivo nem da semeadura: um único germe vale por toda uma plantação.

Todas as produções de um espírito bem constituído deveriam ser apenas desdobramentos de um pensamento único, de um sentimento da vida que procura suas formas e suas utilizações. O sr. Bergson não o repetiu ainda recentemente? "Um filósofo digno desse nome", escreve ele, "não disse senão uma única coisa". Isso é tanto mais válido quando aplicado a todas as operações de um determinado período, de um empreendimento, de uma sessão de estudo, que devem assumir uma orientação e uma concentração obedecendo a uma rigorosa disciplina. Cavar sempre o mesmo buraco é o melhor meio de descer fundo e de tirar da terra os seus segredos.

Um dos efeitos dessa condensação será o de efetuar uma escolha na massa confusa de informações que quase sempre se apresenta a nós por ocasião das primeiras pesquisas. Pouco a pouco as conexões essenciais se descobrirão, e é nisso que consiste basicamente o segredo das obras marcantes. O valor não está, em circunstância alguma, na multiplicidade; ele se situa nas relações entre alguns elementos que dominam o caso todo, ou o ser todo, que fornecem a lei que o rege, e permitem consequentemente a seu sujeito a criação original, a obra que tem relevo e sólido alcance. Alguns fatos bem escolhidos ou algumas ideias firmes – digo firmes quanto a sua coerência e seus encadeamentos mais do que quanto a seu teor – são material suficiente para uma produção genial. Conduzir adequadamente suas investigações e centralizar adequadamente seus trabalhos, nisso consistiu toda a arte dos grandes; é o que, seguindo seu exemplo, é preciso que cada qual, por si, tente fazer para ir até o limite máximo de si mesmo.

III. A SUBMISSÃO AO VERDADEIRO

Mas um outro fator é ainda mais importante, é o de nos submetermos paralelamente à disciplina do trabalho, à disciplina do verdadeiro, e esta é a condição imprescindível para ficar em contato com a verdade. Uma pronta obediência: eis o que chama em nós a verdade. Para esse encontro solene, temos de trazer uma alma reverente. A verdade só se revela se estivermos primeiramente despojados e inteiramente determinados a que ela, e tão somente ela, nos baste. A inteligência que não se entrega está num estado de ceticismo, e o cético está mal equipado para a verdade. A descoberta é obra da simpatia; ora, quem diz simpatia, diz dom.

Pelo pensamento nós *encontramos* algo, nós não o fazemos. Recusar nossa submissão à verdade é não poder encontrá-la, e não nos submetermos com antecedência é esquivar-nos do encontro com ela. Cedendo diante do verdadeiro e verbalizando-o para nós mesmos da melhor maneira possível, mas sem cometer alteração criminosa, prestamos um culto ao qual o Deus interior e o Deus universal responderão revelando sua unidade e estabelecendo uma ligação com nossa alma. Nisso como em tudo, é a vontade pessoal que é a inimiga de Deus.

Essa submissão pressupõe a humildade, e teríamos de lembrar aqui o que dizíamos das virtudes para o reinado da inteligência; pois as virtudes têm todas elas por base a exclusão da personalidade orgulhosa que sente repulsa pela ordem. Intelectualmente, o orgulho é o pai das aberrações e das criações factícias; a humildade é o olho que lê no livro da vida e no livro do universo.

O estudo poderia se definir pelas seguintes palavras: é Deus que toma em nós consciência de sua obra. Do mesmo modo que qualquer ação, a intelecção vai de Deus a Deus como que através de nós. Deus é a causa primeira dela. Ele é seu fim último: nessa passagem, nossa emoção transbordante pode fazer com que o ímpeto se desvie. Vamos de preferência abrir os olhos com sabedoria, para que nosso Espírito inspirador veja.

Nosso intelecto é globalmente uma potência passiva; é-se forte, intelectualmente, na medida em que se é receptivo. Não é que seja o caso de reagir; mas a reação vital sobre a qual nos alongaremos não deve alterar em nada o conteúdo de nossas aquisições, ela apenas as torna nossas. Uma vasta cultura, ao se instalar no espírito, cria nele novos pontos de partida e aumenta sua capacidade; porém, sem a humildade, essa atração exercida sobre o exterior se tornará por sua vez uma fonte de mentiras. Pelo contrário, ao espírito culto e humilde, as luzes vêm de todos os lados, elas se agarram a ele como a aurora aos cumes.

Além da humildade, é recomendável ao pensador uma certa passividade de atitudes adequada à natureza do espírito e à da inspiração. Conhecemos mal o funcionamento do espírito; mas sabemos que a passividade é sua lei básica. Conhecemos ainda menos as vias da inspiração; mas podemos constatar que ela faz uso em nós muito mais da inconsciência do que das iniciativas. Progredimos através das dificuldades como um cavaleiro dentro da noite: mais vale nos fiarmos a nossa montaria que tomar insensatamente as rédeas.

Uma atividade excessivamente intencional torna nossa inteligência menos segura e menos receptiva. Por ficarmos demasiadamente ansiosos, permanecemos centrados em nós mesmos, quando compreender é tornar-se outro e sujeitar-se a uma invasão muito positiva. Tentem pensar no objeto da ciência, não em si próprios, assim como quando se fala, deve-se falar no espaço, não em suas próprias cavidades. Os cantores sabem do que estou falando; aqueles que experimentaram alguma inspiração também me entenderão. É preciso olhar *através* do espírito, em direção às coisas, não *dentro* do espírito, mais ou menos esquecidos das coisas. No espírito, há *aquilo por meio de que* se vê, mas não *aquilo que* se vê: que o meio não nos distraia do fim.

"O essencial é estar em êxtase", escreve o pintor de afrescos Louis Dussour, "e ao mesmo tempo tentar entender como é que tudo se encadeia e se constrói". Às vezes falta o êxtase, outras vezes a construção. Mas aqui é a primeira que nos interessa.

Eis o trabalho profundo: deixar-se penetrar pela verdade, submergir-se nela mansamente, nela afogar-se, não mais pensar que se pensa, nem que se é, nem que nada no mundo é, afora a própria verdade. Tal é o bem-aventurado êxtase.

Para Santo Tomás, o êxtase é filho do amor. Ele os transporta para o exterior, em direção ao objeto de seus sonhos: amar a verdade com o fervor suficiente para nela concentrar-se e assim transportar-se para dentro do universal, para dentro do que é, no âmago das verdades permanentes, é a atitude de contemplação e de produção fecunda. Está-se então encolhido sobre si, mas com o olho fito sobre a presa, como uma fera, e a vida interior está intensa, mas com um sentimento de lonjura, como se se circulasse pelos astros. A sensação é de se estar simultaneamente realizado e acorrentado, livre e escravo; de se ser plenamente si mesmo entregando-se ao ser mais alto do que si mesmo; de exaltar-se perdendo-se: é o nirvana da inteligência deslumbrada e poderosa.

Assim, façam o possível, se forem visitados por esse espírito, para não desanimá-lo e repeli-lo por uma forma de trabalho inteiramente artificial e exterior. Se ele estiver ausente, apressem seu retorno rogando-lhe humildemente. Sob o maravilhamento divino, terão mais a ganhar em pouco tempo do que em muito entregues apenas a seus pensamentos abstratos, "pois um dia nos teus átrios, Senhor, vale mais que mil" (Salmos 84:10).

Protelem tanto quanto possível o retorno da atividade desenvolvida por vontade própria, o despertar da Esposa. Que seu espírito seja a cera, não o sinete, para que a marca da verdade permaneça pura. Pratiquem o *santo abandono*; obedeçam a Deus; sejam como o poeta inspirado, como o orador que uma onda interior carrega para o alto e em quem o pensamento perdeu o peso.

Por outro lado, tendo de receber também dos homens pela leitura, pelo ensino, pelos relacionamentos, apreciem esta regra de ouro inserida por Santo Tomás entre seus *Dezesseis Preceitos*: "Não olhes de quem tu ouves as coisas, mas tudo o que se disser de bom, confia-o à tua memória".

A história das ciências está repleta de resistências entre um talento e outro, entre um gênio e outro, entre uma facção e outra, entre uma capelinha e outra. Laënnec discorda de Broussais, Pouchet de Pasteur; Lister tem toda a Inglaterra contra ele, Harvey toda a humanidade com mais de quarenta anos. Tem-se a impressão de que a verdade é por demais luxuriante e de que é preciso conter sua proliferação. Entretanto, as leis do mundo submetem a si a matéria: por que o espírito tem tanta dificuldade em sujeitar o espírito?

Em I Coríntios (cap. 14) está dito que se ao menor dos fiéis em oração algo for revelado, os demais devem calar-se e ouvi-lo. Ao que se segue este comentário de Santo Tomás: "Ninguém, por mais sábio que seja, deve rejeitar a doutrina de um outro, por pequeno que ele seja",[1] e isto é uma referência a outro conselho paulino: "Considerai, com toda a humildade, todos os outros superiores a vós" (Filipenses 2:3). É superior, naquele momento, aquele que se encontra mais perto da verdade e recebe sua luz.

O que importa num pensamento não é sua proveniência, são suas dimensões; o que é interessante no próprio gênio não é nem Aristóteles, nem Leibniz, nem Bossuet, nem Pascal, é a verdade. Quanto mais preciosa for uma ideia, menos importância tem saber de onde ela provém. Elevem-se à indiferença para com as fontes. A verdade, e só ela, tem direito, e ela tem direito onde quer que ela apareça. Da mesma forma que não se deve tornar-se vassalo de ninguém, deve-se ainda menos desprezar quem quer que seja, e se não é cabível "crer em todos", não se deve tampouco recusar-se a acreditar em seja quem for, contanto que apresente suas credenciais.

Aí é que está a grande liberdade, e sua recompensa é tão ampla que a avareza a arrebataria para si, se não achasse mais justificada a opção de montar guarda diante de seus cofres. Acreditamos muito facilmente deter tudo, ser capazes

---

[1] In *Evang. Joann.*, C. IX, lect. 3, fim.

de tudo, e só damos ouvidos de modo muito distraído às vozes alheias. Só uns poucos privilegiados, homens ou livros, retêm nossa atenção e nos servem de inspiradores. Ora, a inspiração está por toda parte; o Espírito sopra no fundo dos vales tanto quanto ronda os cumes. Na mais pobre das inteligências está um reflexo da Sabedoria infinita, e a profunda humildade sabe identificá-la.

Como não se sentir na presença de Deus, quando um homem está a ensinar? Não é ele a própria imagem divina? Imagem às vezes deformada, mas frequentemente autêntica, e a deformação sempre é apenas parcial. Perguntar-nos qual seria o custo da retificação e em que medida o correto se mantém seria uma reação mais produtiva do que levantar os ombros ou contestar duramente. Contestar nunca leva a nada; mais vale a reflexão. Por toda parte onde o Deus da verdade deixou algo de si, temos de nos prontificar a recolher, a venerar religiosamente e utilizar com esmero. Pois nos lugares por onde passou o semeador eterno não obteremos nós uma boa colheita?

IV. OS ALARGAMENTOS

Enfim, para enobrecer o espírito do trabalho, é preciso acrescentar ao fervor, à concentração, à submissão, um esforço de ampliação que confere a cada estudo ou a cada produção um alcance de certa forma total.

Um problema não pode permanecer encerrado em si. Ele transborda em razão de sua natureza própria, porque a inteligibilidade pela qual ele clama pertence a fontes mais elevadas que ele próprio. O que dissemos da ciência comparada nos é de grande ajuda aqui. Cada objeto de nosso estudo faz parte de um conjunto onde ele age e recebe ações, está subordinado a condições e impõe as suas; não se pode estudá-lo separadamente. O que recebe a denominação de especialidade ou análise pode perfeitamente ser um método, mas não deve ser um espírito. O trabalhador será ludibriado por seu próprio estratagema? Isolo uma peça de um mecanismo para vê-la melhor; mas, enquanto eu a seguro e meus olhos a observam, meu pensamento deve mantê-la em seu lugar, acompanhar seu desempenho no conjunto todo, do contrário estou alterando a verdade tanto no todo que ficou incompleto quanto na engrenagem que se tornou incompreensível.

O verdadeiro é um; tudo está interligado na verdade suprema única. Entre um objeto particular e Deus, há todas as leis do mundo, cuja amplidão vai aumentando a partir da norma aplicada a esse objeto até o Axioma eterno. Por outro lado, o espírito do homem também é um; sua estruturação não poderia se contentar com a mentira das especialidades enquanto esmigalhamento do verdadeiro e do belo em frações esparsas. Por mais restrita que seja sua investigação, por exíguo o caso que estiverem examinando, é o homem todo e o universo todo que estão, na realidade, em causa. O sujeito e o objeto almejam, ambos, o universal. Estudar verdadeiramente alguma coisa é evocar gradativamente o sentimento de todas as outras e de sua solidariedade, é mesclar-se ao concerto dos seres; é unir-se ao universo e a si mesmo.

Falávamos há pouco de concentração. Sabia-se, contudo, que não estávamos de modo algum tentando assim restringir o estudo. Concentrar e expandir não são, tal a sístole e a diástole, senão um mesmo e único movimento. Chamo de concentração a convergência da atenção sobre um ponto; chamo de expansão o sentimento de que esse ponto é o centro de um vasto conjunto, ou até mesmo o centro de tudo, pois na imensa esfera "o centro está por toda parte e a circunferência em parte alguma".

Nossa mente tem esta dupla tendência: unificar os detalhes para chegar a uma síntese compreensiva; perder no detalhe, por esquecer-se de si mesmo, a consciência da unidade. É preciso equilibrar essas duas inclinações. A primeira corresponde ao objetivo da ciência, a segunda à nossa fraqueza. Temos de isolar para uma melhor penetração, mas a seguir temos de unir para uma melhor compreensão.

Logo, não coloquem, quando estiverem trabalhando, seu ponto de perspectiva baixo demais. Pensem lá do alto. Conservem a alma de um vidente ao esmiuçar um broto de verdade que desponta, e, mais justificadamente ainda, não apequenem as questões sublimes. Sintam-se em conexão com os grandes segredos, no sopro dos grandes seres; reparem na luz filtrada aqui e ali, mas que mais à frente passa desse fiozinho tênue a uma claridade que inunda os universos e se junta à Fonte pura.

Corot não pinta uma árvore esquecendo o horizonte; Velázquez coloca suas Meninas em pleno Escurial, em plena vida, seria mais verdadeiro ainda dizer-se em pleno Ser, pois é essa sensação de mistério do Ser que faz desse talento prodigioso um gênio que deixa atônita a alma ao encantar os olhos. É uma regra da arte de pintar, que se deva pensar sobretudo na parcela que não se pinta e, além disso, que esta parcela ceda seu lugar ao *caráter*, à abrangência global do tema, a seu prolongamento para fora da tela.

O artista, acerca do mínimo detalhe, deve se encontrar num estado de devaneio universal; o escritor, o filósofo, o orador, em estado de pensamento e emoção universais. Ao colocar o dedo num ponto do mapa-múndi, deve-se sentir toda a sua extensão e sua redondeza. É sempre do todo que se está falando.

Fujam desses espíritos que não conseguem jamais sair da escolaridade, que são escravos do trabalho em vez de colocá-lo diante de si em plena luz. Deixar-se amarrar em fórmulas limitadas e permitir que o espírito se petrifique em estruturas livrescas é uma marca de inferioridade que contradiz claramente a vocação intelectual. Hilotas ou eternas crianças: assim devem ser chamados esses pretensos trabalhadores, que estão fora de lugar em qualquer região mais elevada, diante de qualquer horizonte mais largo e que de bom grado reduziriam os outros à sua ortodoxia de gente primária e tacanha.

A genialidade consiste em ver no trabalho aquilo que não se colocará nele, e nos livros o que eles não conseguiriam dizer. As entrelinhas de um grande texto constituem seu verdadeiro tesouro; elas sugerem, elas levam a crer que nada é alheio aos mais profundos pensamentos do homem. Em vez de diminuí-los, de esvaziá-los, emprestem aos temas restritos o que constitui sua sólida substância, quer dizer, aquilo que não lhes pertence, mas é comum a eles e a outros, a eles e a todos, como a luz é comum às cores e a sua distribuição sobre os seres.

O ideal seria estabelecer em seu espírito uma vida comum de pensamentos que se interpenetrariam e resultariam por assim dizer em uma só. Assim é em Deus; pode-se chegar a modelo melhor para guiar de longe nossa pobre ciência?

O espírito de contemplação e de oração que estivemos requerendo nos aproximaria com toda a naturalidade desse estado; por si mesmo ele já dispõe desse fruto. Ao adotar o ponto de vista de Deus, graças ao qual cada coisa obtém sua junção suprema e toda sua coesão, devemos sentir-nos no centro de tudo, solicitados por riquezas e possibilidades inesgotáveis.

Querendo dar-se ao trabalho de refletir um pouco a respeito, constatar-se-á que a espécie de ofuscação que nos toma diante de uma verdade nova se deve a esse sentido das perspectivas indefinidas e das ligações universais. Esse único passo dado em direção ao verdadeiro é como uma excursão de luz. Vê-se o mundo sob um novo prisma; sente-se o todo palpitante pelo contato com o fragmento reencontrado. Mais tarde, essa ideia, resgatada para aquém dos confins onde ela desempenhava um papel de precursora, poderá parecer mesquinha àquele que ela fascinava. Não evocando nada além de si mesma, ela perde a vitalidade, ela decepciona o sentimento do infinito que é a alma de qualquer pesquisa.

Os grandes homens sofreram esse ressecamento das ideias. Sua visão era grande: eles acham seus resultados pequenos. Por isso deve-se lê-los também com um enfoque não literal, não livresco, com um espírito de superação que os remeterá de volta simplesmente a si mesmos. A letra mata: que a leitura e o estudo sejam espírito e vida.

V. O SENSO DO MISTÉRIO

Está já claro o bastante que o senso do mistério deve perdurar, mesmo depois de nosso esforço máximo e mesmo depois que a verdade deu a impressão de ter comparecido com um sorriso. Os que pensam tudo compreender só com isso já provam que não compreenderam nada. Os que se contentam com respostas provisórias para problemas que na realidade se colocam permanentemente deturpam a resposta que lhes é dada, pois desconhecem que ela é parcial. Toda pergunta é um enigma que a natureza nos propõe, e Deus por seu intermédio: o que Deus propõe, só Deus pode resolver. As portas do infinito estão sempre abertas. O que há de mais precioso em cada coisa é o que não se expressa. Não foi Biot que, tendo sido abordado por um colega nestes termos: "Vou fazer-lhe uma pergunta interessante", respondeu: "É inútil: se sua pergunta é interessante, eu não tenho a resposta"? "Não sabemos tudo sobre nada" diz Pascal, e "para compreender a fundo uma só coisa", acrescenta Claude Bernard, "seria preciso compreendê-las todas". Pode-se dizer da plena verdade acerca de um assunto qualquer o que dizia de Deus Santo Agostinho: "Se entendes, então dize a ti mesmo que não é o que entendeste". Mas o espírito limitado acredita possuir o cosmo e sua riqueza; segurando um balde com três litros de água reluzente, ele diz: "Vejam, capturei o oceano e os astros".

Santo Tomás, no fim da vida, tomado pelo sentimento do mistério de tudo, respondia ao frei Réginald, que o incitava a escrever: "Réginald, não me é mais possível: tudo o que escrevi não me parece nada mais do que palha". Não tenhamos a presunção de desejar que esse alto desespero venha cedo demais; ele é uma recompensa; é o silêncio precursor do grande grito que fará vibrar a alma inteira ao ser invadida pela luz; mas um pouco desse transtorno emocional é o melhor dos corretivos para o orgulho que cega e para as pretensões que desnorteiam. É também um estimulante para o trabalho, pois as luzes distantes nos atrairão enquanto conservarmos a esperança de alcançá-las. Pelo contrário, se achamos que tudo está dito e basta aprender, trabalhamos dentro de um círculozinho e lá nos imobilizamos.

Um caráter elevado sabe que nossas luzes não passam de gradações de sombra pelas quais subimos rumo à claridade inacessível. Balbuciamos, e o enigma do mundo é perfeito. Estudar significa conferir precisão a algumas condições, estabelecer a classificação de alguns fatos: só se estuda com grandeza ao colocar esse pouco sob os auspícios daquilo que ainda se ignora. Não equivale a colocá-lo na escuridão; pois a luz que não se vê é a que melhor sustenta os reflexos de nossa noite astral.

O mistério é em todas as coisas a luz do conhecido, como a unidade é a fonte da quantidade, como a imobilidade é o segredo das corridas vertiginosas. Sentir em si o rumor de todo o ser e de toda a duração, chamá-los a testemunhar, é novamente, apesar do silêncio em que eles se mantêm, cercar-se das melhores garantias para a obtenção do verdadeiro. Tudo está interligado a tudo, e as claras relações dos seres mergulham nessa noite onde penetro tateando.

CAPÍTULO VII
A Preparação do Trabalho

A – A Leitura

I. LER POUCO

Trabalhar significa aprender e significa produzir: nos dois casos torna-se obrigatória uma longa preparação. Pois produzir é um resultado, e para aprender, num assunto árduo e complexo, é preciso ter passado pelo simples e fácil: "pelos riachos, não diretamente, deve-se ir ao mar", nos diz Santo Tomás.

Ora, a leitura é o meio universal de aprender, e é a preparação imediata ou distante de toda produção.

Nunca se pensa isoladamente; pensa-se conjuntamente, em vastíssima colaboração; trabalha-se com os trabalhadores do passado e os do presente. O mundo intelectual todo pode ser comparado, graças à leitura, a uma sala de redação ou a um escritório de negócios: cada qual encontra nas imediações a iniciação, a ajuda, o controle, a informação, o incentivo de que precisa.

Saber ler e utilizar suas leituras é, pois, para o homem de estudo, uma necessidade primordial, e quisera Deus que a inconsciência rotineira pudesse não esquecê-lo nunca!

A primeira regra é esta: leiam pouco. Em 1921, em *Le Temps* [O Tempo], Paul Souday, que tinha, ao que dizem, de se vingar de mim por algum motivo, aferrou-se a este preceito, "Leiam pouco", para tentar encontrar nele um espírito de ignorantismo. Meu leitor sabe perfeitamente se essa crítica tem algum fundamento. Paul Souday, com toda a certeza, não ficava atrás.

Não estou aconselhando a reduzir a leitura bobamente: tudo o que foi apresentado até aqui contradiria frontalmente tal interpretação. Queremos formar-nos uma mente abrangente, praticar a ciência comparada, manter à nossa frente o horizonte aberto: isso não se dá sem muita leitura. Porém muito e pouco se opõem apenas se considerados dentro de um mesmo campo. Aqui é necessário muito no absoluto, pois a obra é vasta; mas pouco, com relação ao dilúvio de escritos cuja mais ínfima das especialidades basta para abarrotar as bibliotecas e as almas.

O que se proscreve é a paixão de ler, a compulsão, a intoxicação por excesso de nutrição espiritual, a preguiça disfarçada que prefere o contato fácil a qualquer esforço.

A "paixão" da leitura, da qual muitos se orgulham como de uma valiosa qualidade intelectual, é na verdade uma tara; ela não difere em nada das demais paixões que dominam a alma, entretêm nela a perturbação, nela lançam e entrecruzam correntes confusas e esgotam-lhe as forças.

Deve-se ler inteligentemente, não apaixonadamente. Deve-se ir aos livros como a dona de casa vai ao mercado, uma vez definidos os cardápios do dia em conformidade com as leis da saúde e das despesas equilibradas. O espírito da dona de casa no mercado não é o mesmo que ela terá no cinema, à noite. Não se trata de se enebriar, de se maravilhar, mas de administrar um lar e fazer com que ele viva bem.

A leitura desordenada entorpece o espírito, em vez de alimentá-lo; ela o torna progressivamente incapaz de reflexão e de concentração, e consequentemente de produção: ela o exterioriza para dentro, se se pode falar assim, e o torna escravo de suas imagens mentais, desse fluxo e refluxo de que ele se transformou num espectador febril. Tal embriaguez é um álibi; ela desqualifica a inteligência e não lhe permite mais seguir à risca os pensamentos de outrem e de entregar-se à corrente das palavras, das exposições, dos capítulos, dos tomos.

As pequenas excitações permanentes provocadas dessa forma arruínam as energias, como uma vibração constante desgasta o aço. Nenhum trabalho efetivo deve ser esperado do grande ledor, depois que ele tiver forçado a vista e os miolos. Ele está, espiritualmente, em estado de cefaleia, enquanto o trabalhador sensato que mantém o autocontrole, tranquilo e leve, lê tão somente o que ele quer reter, retém tão somente o que deve ser aproveitado, organiza seu cérebro e não o maltrata atolando-o absurdamente.

Deem preferência ao ar livre, para ler no livro da natureza, respirar e relaxar. Depois de cumprida a atividade pela qual optaram, invistam na distração pela qual optaram, em lugar de se abandonarem a um automatismo que nada tem de intelectual exceto por sua matéria e que em si é tão banal quanto escorregar por uma encosta ou escalá-la à toa.

Fala-se em se manter "ao corrente", e sem sombra de dúvida um intelectual não pode ignorar o gênero humano, nem sobretudo se desinteressar do que se escreve no mundo de sua especialidade. Prestem atenção para que tal "corrente" não arraste para longe todas as suas disponibilidades de trabalho e, em vez de os levar adiante, acabe imobilizando-os. Só se progride remando por si; nenhuma correnteza pode levá-los até onde querem chegar. Estabeleçam pessoalmente sua rota e não sigam na esteira do que for aparecendo pela frente.

A restrição deve incidir principalmente sobre as leituras menos substanciais e menos sérias. Envenenarem-se com romances está fora de questão. Um de vez em quando, para descansar e não deixar passar algum sucesso literário, que seja; mas trata-se de uma concessão, pois a maioria dos romances abalam e não descansam nem um pouco; eles agitam e desnorteiam os pensamentos.

Quanto aos jornais, defendam-se contra eles com a energia que passou a ser indispensável em função da constância bem como da indiscrição de seus ataques. É preciso saber o que os jornais contêm, mas eles contêm tão pouco! E seria fácil informar-se a respeito sem se instalar em intermináveis sessões de pura preguiça! Em todo caso, há horas mais convenientes para esse correr atrás das notícias do que à hora do trabalho.

Um grande trabalhador deveria contentar-se, quer me parecer, com a síntese semanal ou bimensal da atualidade e, quanto ao resto, ficando atento ao que se diz no geral, só recorrer aos jornais diários se lhe assinalarem algum artigo notável ou um evento muito grave.

Posso fazer um resumo a esse respeito dizendo: nunca leiam quando puderem recolher-se; leiam exclusivamente, excetuando-se os momentos de relaxamento, o que estiver relacionado com o objetivo a ser atingido, e leiam pouco, para não devorar o silêncio.

II. ESCOLHER

Nessas primeiras observações já se inclui o princípio da escolha. "Quanto discernimento", dizia Nicole, "deve-se empregar no que serve de alimento a nosso espírito e que deve ser a semeadura de nossos pensamentos! Pois o que lemos hoje com indiferença despertará quando for a ocasião e nos fornecerá, até sem que percebamos, pensamentos que serão fonte de nossa salvação ou de nossa perdição. Deus desperta os bons pensamentos para nos salvar; o diabo desperta os maus pensamentos cujas sementes ele encontra em nós".[1]

Logo, é preciso escolher, o que significa duas coisas: escolher os livros e escolher nos livros.

Escolher os livros. Não se fiar nas propagandas interesseiras e nos títulos tentadores. Ter conselheiros dedicados e conhecedores. Saciar a sede unicamente nas fontes. Não ter relacionamentos senão com a elite dos pensadores. O que nem sempre é viável em matéria de contatos pessoais é fácil – e deve-se tirar proveito disso – em matéria de leituras. Admirar de coração o que merece sê-lo, mas não prodigalizar sua admiração. Desprezar as obras malfeitas, que são provavelmente mal pensadas.

Ler apenas em primeira mão, lá onde brilham as ideias mestras. Estas são pouco numerosas. Os livros se repetem, se diluem, ou então se contradizem, o que é uma outra maneira de se repetir. Se formos ver de perto, os achados do pensamento são raros. O fundo antigo ou, melhor dizendo, o fundo permanente é sempre o melhor; é preciso apoiar-se nele para comungar verdadeiramente com a inteligência do homem, longe das pequenas individualidades

---

[1] Nicole, *Essais de Morale Contenus en Divers Traités* [Ensaios de Moral Constantes de Diversos Tratados], t. II. Paris, 1733, p. 244.

balbuciantes ou briguentas. Foi uma comerciante do mundo da moda (srta. Bertin) quem achou esta formulação: "Só é novo o que está esquecido". A maioria dos escritores não passam de editores; já é alguma coisa, mas o autor está me chamando e vou já acudir.

Assim, deverão ler sem preconceito o que se escreve de bom; reservem para a atualidade a parte que lhe cabe; esta parte será ainda mais ampla quando se tratar de informação, de noções positivas em evolução ou em crescimento; os senhores querem fazer parte de seu tempo, não serão "gente ultrapassada". Mas não tenham tampouco superstição pela novidade; amem os livros eternos, que dizem as verdades eternas.

Devem em seguida escolher *nos* livros, onde nem tudo tem valor equivalente. Nem por isso assumam a postura de juízes; sejam, antes, para com seu autor, um irmão na verdade, um amigo, e um amigo inferior já que, sob certos aspectos pelo menos, o tomam por guia. O livro é um ancião; deve-se honrá-lo, dirigir-se a ele sem orgulho, escutá-lo sem prevenção, tolerar seus defeitos, procurar o grão na palha. Mas os senhores são homens livres; mantenham-se responsáveis: resguardem-se o suficiente para preservar sua alma e, caso necessário, defendê-la.

"Os livros são as obras dos homens", diz ainda Nicole, "e a corrupção do homem intervém na maioria de suas ações, e como ela consiste em ignorância e em concupiscência, quase todos os livros ressentem-se de ambos os defeitos".[2] Filtrar, a fim de depurar, é, pois, frequentemente necessário no decorrer de uma leitura. Para tanto, temos de nos confiar a Deus e ao melhor nós mesmos, ao nós mesmos que é filho de Deus e em quem um instinto do verdadeiro, um amor pelo bem servirá de salvaguarda.

Lembrem-se, aliás, que em parte um livro vale o que valem os senhores e o que os senhores o fazem valer. Leibniz usava tudo; Santo Tomás subtraiu aos heréticos e aos paganizantes de sua época um sem-número de pensamentos, e nenhum deles lhe causou sofrimento. Um homem inteligente encontra inteligência por toda parte, um tolo projeta em todos os muros a sombra de sua

---

[2] Op. cit., p. 246.

fronte estreita e inerte. Escolham o melhor que puderem, mas empenhem-se em que tudo seja bom, amplo, atento ao verdadeiro, prudente e progressivo, porque os senhores mesmos o terão sido.

III. QUATRO ESPÉCIES DE LEITURA

Para ser um pouco mais preciso, eu distingo quatro espécies de leitura. Lê-se para ter uma formação e ser alguém; lê-se em vista de uma tarefa; lê-se como treinamento para o trabalho e para o bem; lê-se por ser uma distração. Há leituras *fundamentais*, leituras *ocasionais*, leituras *de treinamento* ou *edificantes*, leituras *relaxantes*.

Todas essas formas de leitura têm algum proveito a tirar de nossas observações; cada qual apresenta também exigências particulares. As leituras de fundo requerem docilidade, as leituras que aproveitam as oportunidades exigem bom domínio mental, as leituras de formação ou treino pedem empenho, as leituras para distrair-se dependem da liberdade.

Quando estamos nos formando e devemos adquirir quase que tudo, não é hora para termos iniciativa. Quer se trate de uma primeira formação, quer de uma cultura geral ou ainda que se esteja abordando uma nova disciplina, um problema até então deixado de lado, deve-se acreditar nos autores consultados para esse fim muito mais do que criticá-los, e acompanhá-los em sua própria caminhada mais do que utilizá-los segundo os interesses do leitor. Passar para a ação cedo demais prejudica a aquisição; é sensato submeter-se num primeiro momento. "É preciso acreditar em seu mestre", diz Santo Tomás, retomando Aristóteles. Ele próprio acreditou e se saiu bem.

Não se trata de modo algum de se entregar às cegas; um espírito nobre não se acorrenta; mas como a arte de comandar só se aprende na obediência, também assim o domínio do pensamento só se obtém pela disciplina. Uma atitude de respeito, de confiança, de fé provisória, enquanto não se tiver em mãos todas as normas para proceder ao julgamento, é uma necessidade tão evidente que só os pedantes e os presunçosos se furtam a ela.

Ninguém é infalível, mas o aluno o é ainda bem menos que o mestre e, se ele recusar a submissão, para cada vez que ele estiver com a razão, outras vinte a verdade lhe escapará, pois ele terá sido vítima das aparências. Pelo contrário, a confiança e uma passividade relativa, por conferir ao mestre algo daquilo que é devido à verdade, são proveitosas para esta última e no final permitem que se usem até mesmo as falhas e até mesmo as ilusões do doutor. Só se sabe o que falta num homem suputando sua riqueza.

Anteriormente, é de se esperar a sensatez elementar de escolher com extremo cuidado os mentores em quem teremos de confiar. A escolha de um pai intelectual é sempre coisa séria. Aconselhamos Santo Tomás para as doutrinas superiores; não se pode trancar-se nelas; porém três ou quatro autores que se conhecerá a fundo para a cultura geral, mais três ou quatro para a especialidade e por volta da mesma quantidade para cada problema que se apresentar, é o que basta. Recorrer-se-á a outras fontes para *informar-se*, não para *formar-se*, e a atitude de espírito não será mais a mesma.

Ela chegará até a ser o inverso sob certos aspectos, pois aquele que se informa, que quer utilizar, não se encontra mais num estado de pura receptividade; ele já tem uma opinião própria, um plano; a obra consultada se torna sua serviçal. Uma dose de submissão continua sendo exigida, mas ela então diz respeito ao verdadeiro mais do que ao escritor, e se por ventura estiver dirigida a este último, ela põe nele uma fé que pode poupar as conclusões a que ele chegar, mesmo não seguindo ao encalço dele durante a caminhada.

Essas questões de atitude têm muita importância, porque consultar com o comportamento que se tem para estudar é perda de tempo, e estudar num estado de espírito de consulta é tomar a si mesmo por mestre exclusivo e perder o benefício de uma formação que lhes era oferecida por um iniciador.

Aquele que lê com vistas a um trabalho está com o espírito dominado pelo que ele tenciona fazer; ele não mergulha na correnteza, ele enche seu cantil; ele fica na margem, conserva sua liberdade de movimentos, reforça a cada empréstimo tomado a outros sua própria ideia em vez de afogá-la nas ideias alheias, e sai de sua leitura enriquecido, não espoliado, o que ocorreria se a fascinação da leitura prejudicasse a determinação de fazê-la em razão de sua serventia.

Quanto às leituras para treinamento, a escolha, além de nossas regras gerais, deve se basear na experiência de cada um. O que deu certo para os senhores uma vez provavelmente dará certo novamente. Uma influência pode se desgastar com o passar do tempo, porém de início ela fica reforçada; o hábito a acentua; uma penetração mais atenta a aclimata em nós; a associação das ideias e dos sentimentos liga a determinada página estados de ânimo que ressurgem com ela.

Ter assim nos momentos de depressão intelectual ou espiritual seus autores prediletos, suas páginas estimulantes, tê-los à mão, sempre prontos para inocular-lhes uma nova seiva, é um recurso de imenso valor. Conheço pessoas a quem a peroração da *Oração fúnebre ao Grande Condé* deu novo impulso por anos a fio, toda vez que sua inspiração esmorecia. Outros, na parte espiritual, não resistem ao *Mistério de Jesus* de Pascal, a uma *Oração* de Santo Tomás, a tal ou tal capítulo da *Imitação* ou a esta ou aquela parábola. Que cada um se observe, registre os bons resultados, conserve perto de si seus *remédios para as doenças da alma* e não receie ter de recorrer sempre e sempre, até a exaustão, ao mesmo cordial ou ao mesmo antídoto.

No caso de ser a distração o objetivo, a importância da escolha parece bem menor. O que ela de fato é, relativamente. Mas não pensem que se distrair com isto ou aquilo é indiferente, quando a meta é retornar nas melhores condições possíveis ao que constitui sua razão de ser. Determinadas leituras não os relaxam suficientemente; outras os relaxam demais, em detrimento do recolhimento que deve seguir-se a elas; outras ainda podem desviá-los, no sentido etimológico do termo, isto é, empurrá-los para fora de seus caminhos.

Conheço alguém que descansava de um trabalho árduo com a *História da Filosofia Grega*, de Zeller: era uma distração, mas insuficiente. Outros leem histórias apimentadas ou fantásticas que os dispersam; outros mais se entregam a tentações que os desestimulam do trabalho e prejudicam-lhes a alma. Tudo isso é ruim. Se os livros são serviçais, como os objetos de uso corrente em nossas vidas, os que mais devem subordinar-se são os que desempenham funções meramente acessórias. Evitem sacrificar-se por seu leque.

Muitos pensadores encontraram regularmente alívio e prazer em narrativas de viagem e de explorações, na poesia, na crítica de arte, na leitura de comédias em casa, nas memórias. Cada um tem seus gostos e o gosto é neste caso o principal. Uma única coisa, segundo Santo Tomás, traz um repouso efetivo: a alegria; tentar distrair-se no tédio seria um logro.

Leiam o que lhes agrada, o que não os entusiasma demais, o que não lhes é prejudicial de nenhum modo, e, já que, mesmo distraindo-se, continuam sendo consagrados, tenham a inteligência de ler, em igualdade de utilidade para o descanso, o que virá a ser-lhes útil de alguma outra maneira, ajudando-os a se tornarem completos, a enriquecerem o espírito, a serem homens.

IV. O CONTATO COM OS GÊNIOS

Quero falar em especial, por atribuir a esse ponto uma extrema importância no que diz respeito à maneira de conduzir o espírito e a vida, do proveito a tirar dos grandes homens. O contato com os gênios é uma das graças de escolha que Deus concede aos pensadores modestos; nós deveríamos preparar-nos para isso como devemos fazê-lo para a oração segundo a Escritura, como nos recolhemos e nos colocamos numa postura de respeito ao abordar um personagem importante ou um santo.

Pensamos pouco demais no privilégio dessa solidariedade que multiplica a alegria e a utilidade de viver, que amplia o mundo e torna nossa estada nele mais nobre e mais cara, que renova para cada um a glória de ser homem, de ter o espírito aberto aos mesmos horizontes que os grandes seres, de viver alto e de fundar com seus iguais, com seus inspiradores, uma sociedade em Deus. "Depois dos gênios, seguem-se imediatamente aqueles que sabem reconhecer o valor dos gênios", dizia Thérèse Brunswick referindo-se a Beethoven.

Lembrar de quando em quando a nós mesmos o nome dos que brilham com especial esplendor no firmamento da inteligência é percorrer nossos títulos de nobreza, e esse orgulho tem a beleza e a eficácia de um orgulho de filho para com um pai ilustre ou uma grande linhagem.

Se forem literatos, os senhores, será que não apreciam o benefício de terem atrás de si Homero, Sófocles, Virgílio, Dante, Shakespeare, Corneille, Racine, La Fontaine, Pascal? Se forem filósofos, será que abririam mão de Sócrates,

Platão, Aristóteles, Santo Tomás de Aquino, Descartes, Leibniz, Kant, Maine de Biran, Bergson? Sendo cientistas, então não saberiam o que devem a Arquimedes, Euclides, Aristóteles novamente, Galileu, Kepler, Lavoisier, Darwin, Claude Bernard, Pasteur? Enquanto homens religiosos, pensem no empobrecimento de todas as almas se elas não tivessem tido, depois de São Paulo, Santo Agostinho, São Bernardo, São Boaventura, o autor de *A Imitação*, Santa Catarina de Sena, Santa Teresa, Bossuet, São Francisco de Sales, Newman.

A Comunhão dos Santos é a base que sustenta a vida mística; o Banquete dos Sábios, eternizado por nosso culto e nossa assiduidade, é o reconforto da vida intelectual. Cultivar a faculdade da admiração, que resulta numa convivência constante com os pensadores ilustres, é um meio não de se equiparar ao que se está honrando, mas de se equiparar a si mesmo e eis aí, insisto nesse ponto, o objetivo a considerar e a procurar atingir.

*

O contato com os gênios nos proporciona o benefício imediato da elevação. Por si só, sua superioridade nos gratifica antes mesmo que consigam nos ensinar alguma coisa. Eles nos dão o tom; eles nos habituam ao ar das alturas. Nós nos movíamos numa região baixa: eles nos levam de volta, de uma tacada, à atmosfera deles. Nesse mundo de altos pensamentos, a face da verdade parece desvelar-se; a beleza brilha; o fato de que estejamos seguindo e compreendendo esses videntes leva a crer que somos afinal de contas da mesma raça, que a Alma universal está em nós, a Alma das almas, o Espírito ao qual bastaria que nos adaptássemos para romper em discursos divinos já que, na origem de toda inspiração, sempre profética, há

Deus, o primeiro autor de tudo o que se escreve.
(*V. Hugo*).

*

Quando o gênio fala, temos a impressão espontânea de que ele é simples; ele expressa o homem, e seu eco se dá a ouvir dentro de nós. Quando ele se cala, não seremos capazes de continuar no mesmo estilo e levar a termo a frase que ele encurtou? Ai de nós: não! Assim que ele nos deixa, voltamos a cair na impotência de origem, balbuciamos; porém sabemos agora que a verdadeira palavra existe e nosso gaguejar já adquiriu um novo sotaque.

Escutem certos prelúdios de Bach. Eles lhes dizem pouca coisa: um motivo curto que volta, variações insistentes, com um relevo tão pouco acentuado quanto o de uma medalha de Roty. Mas que nível de inspiração! Até que mundo desconhecido não somos transportados! Lá permanecer e lá movimentar-se livremente por si seria um sonho e tanto! Na pior das hipóteses, sempre poderemos voltar lá pela lembrança, e que proveito trará essa possibilidade de ascensão que nos afasta das futilidades, nos afina e nos ajuda a julgar adequadamente os fogos de artifício pueris em que consistem quase sempre as festas do espírito!

Quando, em seguida, o gênio nos oferece temas, nos fornece verdades, explora para nós as regiões misteriosas e às vezes, como um Santo Tomás de Aquino ou um Goethe, nos mostra, concentrados numa só pessoa, séculos de cultura, quanto não lhe devemos nós? "O espírito humano não pode ir muito longe", escreveu Rodin, "a não ser com esta condição: que o pensamento do indivíduo se acrescente paciente e silenciosamente ao pensamento das gerações". Logo, o grande pensador que, sozinho, nos resume gerações inteiras nos permite ir longe com sua ajuda; ele nos dá direitos sobre territórios que ele conquistou e desbastou, que ele semeou e cultivou. Quando é a hora da colheita, ele nos avisa.

A sociedade das inteligências é sempre de pequeno porte: a leitura a expande; deitamos sobre a página genial um olhar implorante que não fica decepcionado; correm a nosso socorro; abrem-nos caminhos; tranquilizam-nos; iniciam-nos; o trabalho de Deus nos espíritos raros é contabilizado em nosso benefício tanto quanto no deles; crescemos através deles; somos enriquecidos deles; o gigante carrega o anão e o parente idoso oferece uma herança. Então não aproveitaríamos esse acréscimo? Podemos aproveitá-lo: atenção e fidelidade são as únicas exigências.

O gênio renova tudo para nós. É o dom por excelência desse vidente apresentar ao pensamento sob um enfoque desconhecido, no cerne de um sistema de relações que por assim dizer a recria, a realidade que aí estava, óbvia, e que não víamos.

Todo o infinito do pensamento está por trás de cada fato; mas ficamos esperando que a perspectiva se evidencie; só o gênio se adianta, afasta os véus e nos diz: vem! A ciência consiste em ver por dentro: o gênio vê por dentro; ele frequenta o íntimo dos seres e, graças a ele, o próprio ser nos fala, em vez de nossos fracos e duvidosos ecos.

O gênio simplifica. A maioria das grandes descobertas são súbitas e fulgurantes concentrações. As grandes máximas são múltiplas experiências condensadas. O traço sublime, na pintura, na música, na arquitetura, na poesia, é um jorro que contém e une valores até então disseminados e indecisos.

Um grande homem, por refletir a humanidade comum, reduz ao essencial as aquisições desta, como Leonardo da Vinci sintetizava num único momento as expressões cambiantes do modelo. A linha egípcia aplicada a tudo é a genialidade, e sua rica simplicidade constitui nosso fausto.

O gênio nos estimula e nos deixa confiantes. A emoção que ele desencadeia é o assinalador das iniciativas fervorosas, o revelador das vocações e o remédio para as inquietações da timidez. Uma impressão de sublimidade fica em nossa alma como um nascer do sol. A sabedoria experimentada em seus heróis nos faz, também a nós, gestos secretos de incitação, e que felicidade poder dizer consigo mesmo: ela está em mim também!

Talvez não seja verdade que os grandes homens espelhem somente seu século; mas é verdade que eles espelham a humanidade, e qualquer membro desta humanidade tem assim sua cota de glória. Por mais que os pensadores maledicentes se empenhem, eles estarão errados diante do gênero humano em função da existência dos gênios, tanto quanto os judeus diante de Jesus quando diziam: "De Nazaré pode vir algo bom?" Sim, algo de bom pode sair desse pobre mundo, já que um Platão provém dele. Um grande homem não seria nada se ele não fosse, por seus recursos e pelo emprego que deles faz, um filho do Homem. Ora, o tronco que o sustenta não está enfraquecido; aqueles que recebem a mesma seiva podem sempre ter a esperança de crescer e dar, por sua vez, flores imortais.

Nem mesmo os erros, nos grandes, deixam de poder contribuir com o benefício que esperamos de nosso relacionamento com eles. Temos de saber nos defender contra eles; sua força pode eventualmente perder o rumo; quase todos têm suas sombras, como uma máscara em alto relevo; quer exagerando um ponto de vista, quer deixando-se arrastar por algum outro ímpeto, ei-los longe da retidão. Entretanto não há um só que, apesar de suas aberrações, não conduza um espírito judicioso a tocar os fundamentos eternos da ciência e os segredos da vida.

Seus erros não são erros vulgares, são excessos; a profundidade e a acuidade de visão não estão ausentes. Seguindo-os com cautela, pode-se estar certo de ir longe e de proteger-se de seus passos em falso. "Tudo concorre para o bem daqueles que amam a Deus", diz o Apóstolo; para os que optaram pela verdade, tudo pode ser útil. Tendo formado nosso espírito em boa escola, conservando bem ajustados e bem firmes os quadros de referência de nossos pensamentos, podemos esperar crescer junto dos erros geniais. Nesse perigo, desde que não fiquemos imprudentemente expostos, há novamente uma graça; uma nova esfera nos é revelada; uma face do mundo nos é mostrada, talvez com exclusividade excessiva, mas de maneira poderosa; o ânimo conferido a nosso espírito lhe pertencerá definitivamente; os aprofundamentos exigidos pela própria atitude de resistir nos fortalecem; estaremos mais bem formados, mais bem resguardados por ter corrido esses sublimes riscos sem a eles sucumbir.

Santo Tomás, em quem me inspiro aqui, conclui partindo dessas observações que devemos nossa gratidão até mesmo àqueles que, desse modo, nos expuseram a tentações, se pela oportunidade que nos deram e as circunstâncias que provocaram conseguimos progredir em alguma coisa. Diretamente somos devedores apenas ao verdadeiro; contudo indiretamente devemos àqueles que erram a dose suplementar de formação fornecida a nós, graças a eles, pela Providência.[3]

Avaliem o quanto a Igreja deve às heresias e a filosofia a seus grandes litígios. Se não tivesse havido Ário, Eutiques, Nestório, Pelágio, Lutero, o dogma

---

[3] Santo Tomás. In II. *Metaphys*, lect. I.

católico não teria sido constituído. Se Kant não tivesse abalado os fundamentos do conhecimento humano, a criteriologia seria ainda uma criança, e se Renan não tivesse escrito a história das origens cristãs, o clero católico estaria bem longe da formação histórica e exegética que ele detém.

O que é verdadeiro coletivamente é verdadeiro individualmente. Deve-se aprender a pensar adequadamente sobretudo em contato com os sábios; mas a própria loucura traz ensinamento; quem escapa a seu contágio extrai dela alguma força. "Quem tropeça e não cai, dá um passo maior."

V. CONCILIAR, EM VEZ DE OPOR

Uma condição essencial para tirar proveito das leituras, sejam correntes, sejam geniais, é a de tender sempre a conciliar seus autores, em vez de os contrapor. O espírito crítico tem suas aplicações; pode-se ter de desemaranhar opiniões e classificar homens; o método contrastivo é então cabível, contanto que não seja forçado. Mas quando se tratar de formação, de uso pessoal ou até de exposição doutrinal, a história é bem diferente. Pois o que fica interessante nesse caso não são os pensamentos, mas as verdades, não são os combates dos homens, mas sua obra e o que dela permanece. Logo, alongar-se indefinidamente acerca de diferenças é vão; interessar-se por pontos de contato, eis a investigação fecunda.

Santo Tomás nos dá aqui um exemplo admirável. Ele sempre se esforçou em cotejar as doutrinas, em esclarecê-las e completá-las umas pelas outras. Aristotélico, ele se apoia em Platão; sem ser agostiniano, ele faz de Agostinho seu alimento constante; ele que declara ser Averróis um *depravador* do peripatetismo, nem por isso deixa de chamá-lo de um sublime espírito (*præclarum ingenium*) e o cita a todo momento. Quando faz comentários, ele recorre se necessário ao texto, favorecendo sua mais pura verdade ou sua maior riqueza, informando o que se deve ver nele, fechando caridosamente os olhos ao que nele possa haver de lamentável. Ninguém se assemelha menos que Santo Tomás a esses revisores de provas cuja leitura tem por único fim encontrar erros de impressão.

Aquele que deseja adquirir, pelo intercâmbio com autores, não aptidões para combater e sim verdade e penetração, deve vir munido deste espírito de acomodação e de diligente extração, o espírito da abelha. O mel se faz a partir de muitas flores. Um processo de exclusão, de eliminação sumária e de escolha limitada é extremamente pernicioso para uma formação, e ele denuncia no espírito tentado a praticá-lo uma tara de funesto agouro. "Todo indivíduo que não é criador, escreve Goethe, tem um gosto negativo, restrito, exclusivo, e ele consegue despojar de sua energia e de sua vida o ser criador." Uma inteligência constituída desse modo fica diminuída; em vez de tudo encarar do ponto de vista do universal, constata-se que ela descamba para o espírito de panelinha e os fuxicos.

Nem todos os mexeriqueiros são donas de casa postadas à soleira da porta, há os que estão na história da filosofia, das ciências, da própria teologia, e muitos são seus imitadores. Elevem-se mais acima. Os senhores que procuram a verdade, prontos para reconhecer seu semblante onde quer que seja, não joguem seus servidores um contra o outro, nem que eles sejam desses "anjos incompletos", gênios parciais que o verdadeiro visitou sem optar por neles fixar-se.

Sobretudo para com os homens muito superiores, é uma espécie de profanação assumir uma atitude provocativa. Podemos entristecer-nos com seus erros, mas não massacrá-los; vamos construir pontes, não cavar fossos entre suas doutrinas. Há uma grande luz na descoberta das ligações que aproximam secretamente as ideias e os sistemas mais disparatados. Dedicar-se a esse trabalho de reconstituição do verdadeiro integral através de suas deformações é muitíssimo mais proveitoso do que ficar perpetuamente criticando.

No fundo, se soubermos como utilizá-los, os grandes homens nos fazem, todos eles, comunicar-nos com as mesmas verdades essenciais. Não estou dizendo que eles todos as proclamem, mas todos nos colocam na perspectiva dessas verdades, nos levam ou nos impelem até elas irresistivelmente. Eles parecem combater-se e dividir a ciência, desmembrar o espírito humano; na realidade, eles convergem. As colunas do templo plantam seus fundamentos sobre as lajes, se afastam, se enfileiram muito espaçadamente; mas elas impulsionam os arcos um em direção ao outro e, mediante inúmeras nervuras, eles acabam formando uma única abóbada. Ver esse abrigo e nele buscar refúgio é o que convém a seu apelo, visto que os senhores procuram não o barulho, o choque entre facções, a contenção ou a excitação factícia da inteligência, mas tão somente a verdade.

VI. APROPRIAR-SE E VIVER

Uma última indicação de capital importância é inevitável no tocante às leituras. O leitor, por mais passivo que deva ser, sob certo aspecto, a fim de abrir-se à verdade e não atravancar a sua dominância, é solicitado a reagir acerca do que lê para disso apropriar-se e com isso compor sua alma. Lê-se unicamente para refletir, enriquece-se para utilizar, ingere-se alimentos para viver.

Condenamos o eterno ledor que progressivamente assume um ritmo mecânico, um automatismo mental que deixa de ser trabalho efetivo. Mas não é necessário ser um ledor exagerado para cair nessa passividade. Muitos leem como quem faz tricô. Entregue a uma espécie de indolência, seu espírito assiste ao desfile das ideias, deixa-se estar, inerte, e

> Como um pastor adormecido olha a água fluir.
>
> *(Alfred de Musset)*

*

O trabalho é entretanto uma vida, a vida é assimilação, a assimilação uma reação do organismo vivo à alimentação. Não basta ceifar no devido tempo, amarrar seu trigo em feixes e no final assar seu pão, é preciso elaborar a carne de seu corpo, pois essa é a serventia dos grãos seletos.

Aquele que aprende sempre pode chegar a nunca se instruir se ele não modificar em sua própria substância o que aprendeu em dóceis intercâmbios. A docilidade é virtuosa e necessária, ela não é o bastante. "A obediência é a base do aperfeiçoamento", diz Auguste Comte; mas ela não é o aperfeiçoamento. O gênio que nos instrui poderia dizer, como seu Inspirador: "Eu vim para que tenham vida e a tenham em abundância" (João 10:10). O que era vida em outrem será em nós apenas algo como uma lâmpada apagada?

Ninguém pode instruir-nos sem nós. A leitura nos propõe coisas verdadeiras: temos de fazê-las nossas. Não é a comerciante do mercado que alimenta meu corpo. O que eu absorvo deve tornar-se eu: só eu estou capacitado a fazer isso. "Pela doutrina, escrevia Boécio, o espírito do homem fica apenas excitado para saber."[4] Santo Agostinho dissera antes dele: "Um homem está para o ensinamento somente o que o agricultor está para a árvore".[5]

Santo Tomás, descendo mais profundamente na questão, observa que a palavra ou a escrita não alcançam o mesmo espírito. Seu papel se limita, por meio dos sons e dos sinais, a fornecer à alma uma matéria. O som ressoa; a luz vibra; nossos sentidos percebem e comunicam o sinal e, por um movimento inverso, esse sinal, que se origina na ideia, tem a missão de provocar uma ideia semelhante. Mas com isso tudo os espíritos permanecem separados; os sinais de um só indiretamente entram em contato com o outro, e o que faz a ciência não é o sistema de sinais que nos é proposto, é o trabalho de nossa própria razão sobre esses sinais.

No fundo, os discursos científicos que nos são feitos permanecem tão exteriores à inteligência quanto as próprias coisas que se trata de conhecer; eles têm unicamente esta vantagem de corresponder, enquanto sinais, a ideias já elaboradas e ordenadas. Isso facilita para nós o pensar, mas não se substitui a ele. O ensino não nos fornece senão meios de agir espiritualmente, como a medicina oferece a nosso corpo meios de curar-se; mas assim como medicina alguma tem força de ação sobre um organismo inerte, ensino algum será bem-sucedido se o espírito que o recebe for negligente.

Na realidade, a natureza se cura por si e o espírito só é iluminado por sua própria luz, a menos que se diga: pela luz de Deus infundida nele, segundo as palavras do Salmo: "A luz da tua face está impressa em nós, Senhor" (Salmos 4:7). Assim, Deus é afinal nosso único Mestre, Ele que nos fala de dentro, e é

---

[4] Boécio, *De Consolatione Philosophiæ*. V, prosa 5.

[5] Santo Agostinho, *Opuscule De Magistro*. [Edição brasileira: *O Mestre*. Trad. Antônio Soares Pinheiro. SP, Landy, 2006 - N. E.]

Dele conosco que nos vem toda instrução; de homem para homem, o pensamento é rigorosamente incomunicável.⁶

Essa análise penetrante tem consequências práticas. Se a ideia não chega até nós, se é necessariamente em nós que ela tem de nascer, vamos nos esforçar para que a matéria intelectual fornecida pelo livro, para que esses sinais de um interlocutor silencioso nos elevem efetivamente ao pensamento formulado e até para além dele, pois uma evocação, num espírito ativo, sempre deveria suscitar outra.

Só penetramos na intimidade dos gênios participando de sua inspiração; escutá-los de fora é nos condenar a não ouvi-los. Não é nem com os olhos, nem com os ouvidos que se *ouve* a palavra superior, é com uma alma situada no mesmo nível do que lhe está sendo revelado, com uma inteligência iluminada por uma mesma luz.

A fonte do saber não está nos livros, ela está na realidade e no pensamento. Os livros são placas de sinalização; o caminho é mais antigo, e ninguém pode fazer por nós a viagem da verdade. O que diz um escritor não é o que nos importa prioritariamente; trata-se daquilo que é, e nosso espírito tem o propósito não de repetir, mas de *compreender*, isto é, de pegar consigo, isto é, de absorver vitalmente, e finalmente de pensar por si mesmo. A palavra ouvida, é preciso, depois do autor, graças a ele talvez, mas no fim de tudo independentemente dele, obrigar a alma a dizê-la novamente para si mesma. É preciso reinventar para nosso próprio uso toda a ciência.

O principal benefício da leitura, pelo menos a das grandes obras, não é, diga-se de passagem, a obtenção de verdades esparsas, é a recrudescência de nossa sabedoria. Amiel, comparando o espírito francês e o espírito alemão, dizia: "Os alemães empilham a lenha para a fogueira; os franceses trazem as fagulhas". A afirmação é talvez um tanto radical, mas o que sem sombra de dúvida se sobressai são as fagulhas.

A eclosão da sabedoria era o objetivo principal de nossa educação; ela é o da educação que nós oferecemos a nós mesmos. Sem ela, o que é introduzido em nós não teria valor algum, seria o decalque de um livro, um outro livro, tão

---

⁶ Santo Tomás, *De Magistro* em *Quæstiones Disputatæ de Veritate*, q. 11, art. 1º, com os argumentos e as respostas.

inútil quanto o primeiro quando estava na biblioteca. Há em nós também volumes e grandes textos que não lemos.

Que abuso, dispor de gênios na vizinhança e deles aproveitar meramente fórmulas! E como isso ficará patente quando quisermos, ao pôr-nos a escrever, utilizá-los! Não demora para que se perceba tratar-se de psitacismo e para que se constate que quem se tem diante de si não é ninguém.

Utilizar verdadeiramente é inventar. Mesmo fazendo uma citação literal, se o trecho citado for embutido num discurso em que ele ocupa o lugar exato e que já é em si um discurso de bom nível, pertencente ao mesmo lote do empréstimo e apto a reabsorvê-lo em sua unidade e vitalidade, seremos com isso originais por assim dizer em pé de igualdade com o mestre. Conferindo glória ao outro, recebe-se em retorno outra idêntica. A citação lhes pertence como a palavra que o dicionário lhes fornece e que no entanto os senhores criam, como a alma cria seu corpo.

É assim que cita Santo Tomás, e assim também Bossuet, e assim também Pascal. E nós que nos propomos apenas tarefas bem humildezinhas, temos de aplicar nelas as mesmas leis do espírito. A verdade é o ancestral de todos os homens; a sabedoria convida-os todos; não se deve deixar para os maiores o monopólio das utilizações superiores. Diante dos gênios não passamos de crianças, mas crianças que são herdeiras. O que eles nos dão é nosso, já que pertence à eternidade; eles próprios o receberam dela. O que existia antes deles e existe acima deles, o que Deus prepara para todos, é o que se deve contemplar enquanto eles nos falam.

A originalidade tem esse preço e se um dia nossa sabedoria crescer, bem que vamos querer fazer um trabalho original, no bom sentido do termo. No que se refere a uma produção verdadeiramente pessoal, a leitura não pode servir senão para nos excitar, para alimentar nosso ser em si, não nossas páginas. Está aí um sentido novo para o que eu dizia: encontrar nos livros o que não está lá, portas de entrada para penetrar em novas áreas.

Já se sabendo que só se chega aos conhecimentos normais por si mesmo, mais justificadamente ainda uma contribuição em termos de pensamento novo só pode ocorrer por esforço próprio. Quando leio, eu gostaria de encontrar para mim no livro um ótimo ponto de partida, para, porém, abandoná-lo o quanto antes, me livrar da impressão de ter uma dívida em aberto. Tenho o dever de ser eu. Para que repetir o que diz o outro? Por pouco que eu seja, eu sei que Deus não faz em vão nenhum de seus espíritos, muito menos ainda do que nenhuma das coisas da natureza. Obedeço a meu Mestre libertando-me.

Eu vivo, eu não sou um reflexo, e eu quero uma vida fértil. O que não engendra não é: que minha leitura me possibilite engendrar pensamentos, à semelhança não de meu inspirador, mas de mim mesmo!

*

Aí está, creio eu, a última palavra acerca da questão dos livros. Um livro é um sinal, um estímulo, uma ajuda, um iniciador, não é um substituto, e não é uma corrente. É necessário que o pensamento seja nós. Ao ler, não devemos ir a nossos mestres, devemos deles partir. Uma obra é um berço, não é uma cova. Fisicamente, nós nascemos jovens e nós morremos velhos; intelectualmente, à proporção de nossa herança centenária, "nós nascemos velhos; temos de procurar morrer jovens".[7]

Os verdadeiros gênios não quiseram nos algemar, e sim nos tornar livres. E se tivessem planejado escravizar-nos, teríamos sido obrigados a nos defender contra eles, nos proteger dessa invasão que aniquila tanto mais completamente que não somos capazes de lutar usando dos mesmos meios. Saibamos emancipar nossa alma. Quanto mais o pensamento provier de nosso íntimo, de nossa incomunicabilidade, mais ele refletirá o homem, e mais os outros homens se reconhecerão nele. O respeito humano se afasta, a espontaneidade se aproxima da humanidade. As repetições feitas aberta ou disfarçadamente tornam-se depressa cansativas. "Quando se fala apenas do que se leu", diz Schopenhauer, "não se consegue fazer-se ler".

Trabalhemos, em suma, entre a verdade e nós, entre Deus e nós. Nosso modelo se encontra no pensamento criador. Os gênios não passam de uma sombra. Ser a sombra de uma sombra é uma decadência para aquele que, pequeno ou grande, é um fato espiritual incomparável cá embaixo, inédito e único.

---

[7] Pensamento familiar ao abade de Tourville, que o aplicava à ciência social.

O homem é múltiplo e nós somos um de seus casos; Deus está em todos: saibamos honrar em nós o homem e em nós respeitar a Deus.

B – A Organização da Memória

I. O QUE É PRECISO MEMORIZAR

Instruir-se pela leitura não serviria de nada e refletir seria impossível se a memória não retivesse e não nos apresentasse no momento oportuno o que deve prestar serviço a nossa obra e ao trabalho do espírito.

Vários gênios gozaram de uma memória prodigiosa; a outros, faltou-lhes memória; a maioria a tinha medíocre e se via obrigada a suprir essa deficiência de diversas maneiras. Não se pode classificar os mestres segundo essa aptidão; é plenamente certo, entretanto, que, sendo as demais circunstâncias equivalentes, uma memória ampla e tenaz é um recurso valioso.

Não concluamos a partir disso que se deva exercer a memória sem discernimento e atulhar-se da maior quantidade possível de noções, de fatos, de imagens, de textos. Poderia parecer que é o que Santo Tomás diz quando escreve nos *Dezesseis Preceitos*: "Tudo o que puderes, deposita-o no tesouro de teu espírito, como aquele que tenciona encher um vaso". Mas deve-se conceder a essa breve máxima o benefício de um subentendido. Deve-se reter na memória tudo quanto se puder contanto que seja útil, assim como, sob a mesma condição, lê-se tudo quanto se pode.

Já prevenimos o intelectual contra o abuso nas leituras. O que tínhamos a objetar a esse respeito é em grande parte válido também aqui, tendo em vista que lembrar-se é conservar aquisições das quais não se pode separar seja suas vantagens, seja seus desserviços.

Todos os mestres nos dizem que sobrecarregar a memória é prejudicial para o pensamento pessoal e para a atenção. O espírito fica afogado nesse volume todo de materiais; o que lá permanece sem uso deixa-o abarrotado e acaba paralisando-o; o peso morto oprime o vivo, o alimento em quantidade excessiva envenena; a prova disso nos é dada por todos esses pretensos eruditos com seu espírito falso e inerte, todas essas "bibliotecas vivas", essas "enciclopédias ambulantes".

Não se vive da própria memória, usa-se sua memória para viver. Gravem nos senhores o que pode ajudá-los a conceber ou a executar, assimilar-se a sua alma, preencher seus objetivos, revigorar sua inspiração e respaldar sua obra. Quanto ao restante, releguem-no ao esquecimento. E pode ocorrer que, eventualmente, muitas coisas que não pareciam dever chegar a ser aproveitáveis um dia, e que de fato habitualmente não o são, se revelem de grande utilidade; isso não é um motivo válido para dizer: não vamos jogar isso fora, nunca se sabe. Caso necessário, bastará tornarem a procurá-las; o papel nem sentirá seu peso. Só porque eventualmente se pode ter de tomar um trem qualquer, não se aprende de cor o horário de todos eles.

Pascal dizia que acreditava jamais ter esquecido algo que tivesse *querido* reter: eis a memória útil, com a condição de não querer reter senão o que tiver serventia. Quando Santo Agostinho define a felicidade como "não desejar nada que não seja o bem e ter tudo quanto se deseja", ele define ao mesmo tempo a memória feliz. Confiem à sua o que é bom, e roguem a Deus que ele lhes conceda se lhe aprouver a graça de Pascal, aquela de Santo Tomás "em quem nada se perdia" ou a de Mozart, que reconstituía na íntegra, após a primeira audição, uma missa solene. Mas repito que uma tal graça não é indispensável; pode-se suprir essa deficiência sem danos irreparáveis e de que vale especular acerca de seu preço se temos de administrar o que nos foi dado, não o que nos falta?

*

Uma regra capital consiste em fazer com que a memória entre na corrente geral da vida intelectual e participe da vocação. A memória tem de se especializar como o espírito, na mesma medida, com a mesma concentração quanto ao principal e os mesmos alargamentos.

Há coisas que todo mundo é obrigado a saber, que todo cristão em particular deve manter presentes na mente; há as que um intelectual não pode ignorar;

há outras que dependem da especialidade por meio de ligações mais ou menos diretas e que cada um sentirá necessidade de possuir segundo o espírito de amplidão ou de estreiteza que ele aí investir; há, por fim, as que constituem a especialidade em si e sem as quais fica-se abaixo da sua tarefa, o que é com toda a razão taxado de ignorância e de inércia culpada.

O que cada qual deve esforçar-se por manter bem vívido na mente e prestes a intervir à primeira solicitação é o que constitui sua base de trabalho, o que sabem, exatamente por esse motivo, todos os espíritos proeminentes da mesma profissão. Nesse particular, nenhuma negligência é admissível, e apenas a menor demora cabível. Quanto ao restante, se buscará progressivamente o que for exigido por um trabalho específico, sem preocupar-se demais em registrá-lo definitivamente.

Nos dois casos, vê-se que o ato de gravar parte de uma ideia preconcebida, como se dá na leitura; com a diferença de que um trabalho específico é uma vocação momentânea, a vocação, um trabalho duradouro, e de que a memória se adapta a ambas as situações.

*

Nicole sugere ao cristão "aprender de cor diversos salmos e diversas sentenças da Sagrada Escritura no intuito de santificar a memória mediante essas divinas palavras".[8] É uma maneira de consagrar a vocação celeste comum a todos nós e de facilitar o esforço rumo ao bem. Muito poucos são os que entendem nos dias de hoje semelhantes conselhos. Alguém, por exemplo, pode declamar longas passagens de Virgílio, de Racine, de Musset, mas estaria em apuros se tivesse de recitar um salmo e sequer consegue rezar o básico, o *Angelus*, o *Salve Regina*, o *Te Deum*, o *Magnificat*. Isto é sinal evidente de desordem. O que está unido a nosso espírito por laços de memória tem sobre ele maior poder de ação. Um católico deve desejar que essa ação atinja seu ponto máximo para com tudo que aviva sua fé. Ser-lhe-ia tão bom poder de vez em quando, ao longo do dia ou numa ocasião apropriada, repetir consigo mesmo fórmulas repletas de seiva cristã!

---

[8] Op. cit., p. 261.

II. EM QUE ORDEM MEMORIZAR

Resolvida a questão da quantidade, deve-se pensar na da ordenação do conteúdo. Uma memória não deve ser um caos. A ciência é um conhecimento pelas causas; uma experiência vale unicamente por suas conexões, seus agrupamentos e suas hierarquias de valores. Estocar amontoando tudo equivale a tudo tornar inutilizável e condenar-se a só rememorá-lo por mero acaso.

É plenamente recomendável que uma memória intelectual alcance ter as características da intelectualidade. Ora, esta não se satisfaz com noções díspares, sem afinidades específicas. Procurem sempre o que liga isto àquilo, o que condiciona isto e aquilo, e que seja essa coordenação, não fragmentos esparsos, que fique estabelecida em sua memória. Uma mente bem constituída é como uma árvore genealógica em que todas as ramificações estão presas ao tronco e desse modo comunicam-se entre si; os parentescos de todos graus aparecem claramente, revelando uma linhagem em todas as suas relações particulares e no conjunto.

E isso quer dizer que se deve relacionar tudo ao essencial, na memória tanto quanto no próprio pensamento. O primordial, o fundamental, o simples, do qual o complexo sai escalonado e por *diferenciações* sucessivas: eis o que sustenta a memória, como também a ciência, e a torna eficaz nos momentos em que ela deve intervir.

De nada serve ter adquirido miríades de noções se as noções primeiras, em vez de se acharem assim enriquecidas graças às situações de dependência manifestadas pela memória, ficam aí refreadas como que ante um obstáculo e veem dessa forma agravada sua ruinosa solidão. Cinquenta dados não valem mais que um se não expressarem a mesma relação profunda; esmigalhados, eles são infecundos e, como a figueira do Evangelho, ocupam a terra em vão.

Conservem antes de tudo — tal como dissemos que as procurassem antes de tudo — as ideias mestras; que elas estejam presentes à primeira chamada, prontas para clarear tudo quanto se oferecer aos senhores, para manter em seu devido lugar, apesar de eventuais contribuições novas, as ideias antigas, para desenvolver-se a si próprias por ocasião de cada progresso como o cérebro aproveita aquilo que o estômago recebe, e o coração o exercício praticado pelos membros.

Um pensamento novo age retrospectivamente; uma tocha aclara também para trás. Materiais desprezados se transfiguram quando resgatados em prol de algum conceito. Tudo então passa por uma recriação em nós e ganha vida nova. Mas para tanto é preciso que os caminhos da claridade estejam abertos, que nossos pensamentos estejam enfileirados e possam comunicar-se de um a outro.

*

Tendo resolvido sua organização interior, se estará quase que automaticamente protegido contra a sobrecarga e se constatará que dois preceitos aparentemente distintos não constituem por assim dizer senão um só. O inútil, que consegue abrir espaço para si no caos, não o consegue dentro de uma ordem. Que se tenha serventia, ou que não se tome espaço em vão! Há um certo ridículo na tentativa que alguém ou alguma coisa faz para invadir uma estrutura onde não lhe haviam previsto um lugar por não poder completá-la nem ser-lhe de qualquer ajuda. Toda hierarquia tem um sistema de controle próprio.

Estando desse modo mais aliviado e bem assentado, um espírito poderá dedicar-se a suas obras com força total; ele abordará diretamente seu assunto e não se demorará em ninharias que, para outros, é bem verdade, podem se tornar o principal.

Quando Pasteur esteve no sul do país para atacar e vencer rapidamente o mal que ameaçava a sericicultura francesa, ele não conhecia os costumes do bicho-da-seda; inquiriu-se a respeito um tanto distraidamente com o grande entomologista Henri Fabre. Este surpreendeu-se de início com a aparente leviandade do "parisiense"; mas bem depressa, vendo que Pasteur pesquisava em profundidade e trabalhava junto às próprias fontes da vida, ele compreendeu e mais tarde viria a exaltar essa simplicidade genial.

Há em cada matéria algumas ideias que tudo regem, que são chaves mestras; há as que regem também a vida, e é diante delas que se deve acender, no íntimo de nossos corações, a lâmpada do santuário.

*

A faculdade criadora depende em grande parte da sabedoria e da sobriedade da memória. O comprometimento com o essencial mantém abertas para o exterior todas as perspectivas, e a lógica do que se domina tende a estender-se a novas aquisições. Os pensamentos têm o papel de desencadear os pensamentos; só no rio pode chegar água; só se empresta aos ricos; *ao que tem se lhe dará e ele terá em abundância*, declara o Evangelho. Cada verdade é o alvorecer de uma nova verdade; toda possibilidade procura sua realização, e quando a ordem interior se coloca ao dispor da experiência, dá-se o mesmo que quando uma raiz mergulha na terra: sua substância se põe ao trabalho, seus filamentos se expandem e captam os sucos; a vida se amplia porque a adaptação do que está vivo a seu meio é a única condição para sua fertilidade tal como, no princípio, para sua substância.

O meio da ciência é o *cosmo*, que já é – em si – organização, estrutura: é preciso e é o quanto basta, para que o homem de estudo progrida, que ele estabeleça dentro de si, graças à memória, uma estrutura correspondente que lhe permita adaptar-se, e dessa maneira agir.

III. COMO PROCEDER PARA MEMORIZAR

Falta dizer como se obtém uma memória com essa qualificação e como utilizá-la. Não é segredo nenhum, conquanto isso decorra das bases mais profundas de nossa vida mental.

Santo Tomás propõe quatro regras:
1ª ordenar o que se quer reter;
2ª nisso investir profundamente o espírito;
3ª sobre isso meditar frequentemente;
4ª quando se quiser rememorá-lo, tomar a cadeia de dependências por uma extremidade, a qual acarretará todo o restante.[9]

Ele acrescenta acessoriamente, baseando-se em Cícero, que é bem-vindo fazer a junção entre a memória das coisas intelectuais e aquela das coisas sensíveis,

---

[9] *De Memoria et Reminiscentia*, lect. 5.

pois estas últimas, diz ele, são o objeto próprio do intelecto e pertencem por si mesmas à memória, as outras só indiretamente, acidentalmente.[10]

A importância da ordem já havia sido lembrada de outro ponto de vista, mas para registrar a recordação, cada qual já teve a oportunidade de passar por essa experiência. Uma sequência de palavras, de números, de ideias ou de elementos sem nexo é muito difícil de alojar em nós. Esses itens avulsos não se acomodam em parte alguma; cada um fica aí como que perdido e some num piscar de olhos. Uma série, pelo contrário, forma um todo e consegue defender-se. O que se apoia em sua própria razão e em seu agrupamento natural, o que mergulha em seu meio social corre um risco de dispersão bem menor. Só aquilo que existe se conserva, e um elemento não existe senão pela metade quando separado dos elementos conexos.

Logo, se quiserem memorizar, prestem atenção nas ligações e nas razões das coisas; analisem, procurem os porquês, observem a genealogia dos eventos, as sucessões e as dependências, imitem a ordem matemática, onde a necessidade parte do axioma e resulta nas mais longínquas conclusões. Compreender a fundo, aprender depois e introduzir em seu espírito não elos e mais elos, e sim uma cadeia, é assegurar a aderência do conjunto. A união faz a força.

A aplicação do espírito, que se recomenda a seguir, tem o objetivo de pressionar o misterioso buril que grava em nós a figura das palavras e das coisas. Quanto mais fervorosa for a atenção, mais o buril entalha e mais os traços resistirão ao fluxo permanente que tende a substituir as ideias como a morte substitui os seres. Quando lerem ou escutarem no intuito de aprender, estejam inteiramente concentrados e inteiramente presentes; repitam como que em voz alta tudo quanto lhes for dito; martelem isso sílaba por sílaba. Falo em sentido figurado; mas algumas vezes, aplicá-lo ao pé da letra pode trazer certas vantagens. Estejam em condições, tão logo estiver lido ou ouvido aquilo de que se tratar, de dizê-lo novamente na exata medida em que seja o caso de fixá-lo. Se se tratar de um livro, não o larguem antes de poder resumi-lo, apreciá-lo. Acrescento esta

---

[10] Ibidem, lect. 2.

última palavra porque o objeto que provocou uma intervenção ativa de nossa parte se torna muito menos fugidio; ele fica assimilado à pessoa.

Depois disso, meditar com toda a frequência que for possível e que mereça o objeto a preservar do esquecimento, eis uma necessidade consecutiva da primeira. A vida apaga os rastros da vida, e por esse motivo era-nos aconselhado burilar com força. O mesmo motivo nos incentiva, ao constatar que apesar de tudo as marcas se enfraquecem, a passar de novo o buril nos entalhes, a não poupar a água-forte, isto é, a revigorar constantemente nossos pensamentos úteis e a ruminar os fatos que queremos manter à vista.

A agitação do espírito é contrária a esse trabalho, de modo que uma vida tranquila e um distanciamento das paixões são exigidos para um bom uso da memória tanto quanto para o de todas as funções intelectuais.

A faculdade da admiração, o frescor da alma diante da natureza e da vida contribuem igualmente com a lembrança. Rememora-se melhor o que foi marcante. Mais uma razão, depois de tantas outras, para que o intelectual cultive esse sentimento do novo em folha, do sempre novo, que é o ponto de partida para impulsões vigorosas rumo a criações fecundas ou rumo à pesquisa.

Por fim, tratando-se de recobrar a lembrança e de reativar imagens antigas, o conselho é apoiar-nos uma vez mais sobre este fato das dependências mútuas entre os pensamentos, entre as impressões, que serviu de base à constituição da memória. Tudo se encadeia em maior ou menor grau no cérebro, mesmo sem que se queira: tendo querido com todas as nossas forças e tendo elaborado meticulosamente as ligações o mais naturais possível entre as noções, só nos restará recolher os lucros.

Que não se procure, pois, ao acaso num todo que não foi construído ao acaso; que se proceda logicamente, utilizando a lógica das coisas tal como ela se impõe por si mesma, ou tal como foi concebida de início, subindo ou descendo ao longo das séries estabelecidas, invocando a contiguidade das ideias, das circunstâncias, em suma, trazendo de volta à força para o foco da atenção aquilo que a atenção fixara e estocara de acordo com suas leis.

É o que Santo Tomás chama de puxar a corrente, e a ponta da corrente que ele aconselha a pegar é a que se apresenta como sendo a mais imediatamente dependente do que estamos procurando. Um exemplo: lembro-me de ter pensado num plano de estudo; esse plano me escapa, mas sei que eu estava na ocasião em tal lugar, ou que eu conversava com tal amigo, ou que isso estava relacionado com tal conjunto de operações espirituais, com tal aspecto de minha vocação, ou ainda que o projeto se inspirara numa leitura anterior, ou era exigido por trabalhos prévios. Para recuperar a ideia que se esfumou, eu recordarei a impressão do lugar, do entorno amigável, do conjunto ideológico, do papel a desempenhar, do livro analisado ou do trabalho executado. Partindo daí, explorarei a vizinhança e, fazendo diversas tentativas, procurarei encontrar o que sei estar ligado com um desses dados.

*

Para resumir, o que importa à memória não é tanto a quantidade de suas aquisições e sim primeiramente sua qualidade, em segundo lugar sua ordenação e por fim a habilidade para sua manipulação. Os materiais não são o que falta ao pensamento, é o pensamento que lhes faz falta. Aprender não é nada sem assimilação inteligente, penetração, encadeamento, unidade progressiva de uma alma rica e organizada.

O que é interessante não é o canteiro de obras, é a arquitetura, e é sobretudo o espírito do morador. Tenham uma aspiração elevada, uma atenção fervorosa, emoção diante do verdadeiro, dedicação pela pesquisa, e terão recordações suficientes.

C – As Anotações

I. COMO ANOTAR

Somos obrigados a nos repetir com frequência. Se o fazemos ao máximo para falar das leituras, da memória e das anotações, é que esses três itens formam, por assim dizer, uma coisa só. Trata-se, com isso tudo, de completar-nos para poder, no devido tempo, realizar nossa obra.

Deve-se ler relativamente pouco; deve-se reter na memória muito menos ainda, e a natureza, quanto ao restante, assume o controle. As anotações, que são uma espécie de memória exterior a nós, uma "memória de papel", dizia Montaigne, devem restringir-se imensamente por comparação com as leituras; mas elas podem se expandir mais que a lembrança, suplementá-la, consequentemente aliviá-la e vir ao socorro do trabalho numa medida difícil de se estipular.

Se fosse preciso fiar-se à memória para conservar intacto e pronto para uma utilização imediata o que encontramos ou descobrimos no decorrer de nossa vida estudiosa, seria uma grande infelicidade. A memória é infiel por natureza; ela perde, soterra, e não obedece aos chamados. Recusamos impor-lhe excesso de peso, abarrotar o espírito; preferimos a liberdade da alma à riqueza indigesta. A solução é a caderneta de anotações ou o arquivo de fichas.

Além disso, a memória classifica a seu modo e nós tentamos ajudá-la, mas suas classificações são cheias de caprichos e de instabilidade. Para encontrar no momento certo a recordação certa, seria necessário um domínio de si de que mortal algum é capaz. Nessa altura, novamente os cadernos e os fichários virão nos socorrer. É indispensável organizar nossas reservas, depositar nossas economias no banco, onde elas não se acrescerão, é verdade, de nenhum juro, mas não deixarão de estar em lugar seguro e à disposição. Nós é que seremos o caixa.

As práticas, nesse ponto, são muito diversificadas; há porém algumas leis gerais que é sempre bom lembrar, para que cada um possa nelas se inspirar.

Dois tipos de apontamentos podem ser distinguidos, correspondentes à preparação distante ou à preparação imediata do trabalho. Os senhores leem ou meditam para formar-se e alimentar o espírito; apresentam-se ideias que lhes parecem interessantes para se registrar; fatos, indicações diversas aí estão que bem que poderão voltar a ser úteis; os senhores os anotam. Por outro lado, tendo de estudar um assunto específico, de realizar uma produção, os senhores procuram documentar-se, leem o que se publicou sobre o assunto, recorrem a todas as fontes de informação de que dispõem e refletem por si, tudo isso com a pena na mão.

A primeira categoria de notas tem por característica ser um tanto fortuita. Apenas os limites da especialidade e a sabedoria de suas leituras podem reduzir nelas a proporção do acaso. Como a vida é sempre complexa, o espírito é fugaz e nós mesmos pregamos os alargamentos, há muito de aleatório introduzindo-se nas anotações dessa categoria. Pelo contrário, quando se anota com vistas a produzir, tendo a produção um caráter definido, as notas também se definem, cercam bem de perto o tema abordado e formam um todo relativamente orgânico.

Há, para esses dois grupos de anotações, regras comuns e regras particulares.

Nos dois casos, é preciso evitar o excesso, o abarrotamento dos materiais em que se fica depois imerso e se tornam inaproveitáveis. Certas pessoas têm cadernos tão cheios e tão numerosos que uma espécie de desânimo prévio os impede de sequer vir a abri-los. Esses pretensos tesouros custaram muito tempo e muito empenho, e não dão o menor rendimento; um monte de não-valores os entope; suas próprias utilidades poderiam com frequência permanecer de modo bem mais proveitoso nos volumes de que foram tirados, bastando uma simples menção à fonte com um breve resumo em lugar de páginas e mais páginas enfadonhas.

Tenham anotações feitas usando de raciocínio, de sobriedade. Para evitar as surpresas de um primeiro contato, o efeito de preocupações passageiras e também os arroubos causados às vezes por uma expressão brilhante, arquivem definitivamente depois de transcorrido um certo tempo. Com tranquilidade, com distanciamento, avaliarão suas colheitas e armazenarão tão somente o bom grão.

Nos dois casos igualmente, anota-se após um vigoroso trabalho mental e em função de um sentido de necessidade pessoal. Trata-se de se completar a si mesmo, de se preencher a si mesmo, de se armar com uma panóplia verdadeiramente à sua medida e à altura das demandas da batalha que se pretende enfrentar. Que uma coisa seja bela e boa, que ela seja preciosa teoricamente, não é uma razão para escrevê-la. Graças a Deus, há muitas belas coisas nos livros: vão então recopiar a biblioteca nacional inteira? Não se compra uma jaqueta por ser bonita mas por ser de seu tamanho, e um móvel que se admirou na loja de antiguidades deve permanecer lá se nem suas dimensões nem seu estilo convierem ao aposento a mobiliar.

Evitem incorrer em caprichos qualquer que seja a situação. Tal como a leitura é nutrição e a lembrança uma possessão enriquecedora que está integrada à pessoa, as anotações são uma reserva alimentar e pessoal também. Leituras, lembranças, notas, tudo isso deve nos rematar, logo assemelhar-se a nós, ser de nossa espécie, estar dentro de nosso papel, de nossa vocação, responder a nossos fins e à forma dos gestos pelos quais podemos e queremos realizá-los.

Sabe-se o quanto uma escrituração contábil pode dar uma ideia bem completa de seu proprietário, de seu modo de vida e dos objetivos que ele procura alcançar: o registro de anotações, o arquivo de fichas, deveria estar próximo assim do intelectual, do que ele deve e quer ser. Aí está o levantamento do *haver*, nem que seja parcial, e essa conta tem de corresponder ao possuidor de um lado, à despesa presumida de outro. Estou refletido em minhas obras: tenho de me refletir em meus meios, se consegui adaptá-los convenientemente uns aos outros tanto quanto a mim mesmo.

Melhor ainda, seria desejável que além dos documentos propriamente ditos, fatos, textos ou estatísticas, as anotações que fossem feitas estivessem não só adaptadas aos senhores, mas dos senhores, e isso não apenas quando emanam de suas reflexões, mas também quando procedem de uma leitura. A leitura também deve ser pensada, e dizíamos que um empréstimo pode tornar-se nosso a ponto de não mais se diferenciar de uma autêntica criação.

Leio, e ao ler escrevo; porém escrevo o que eu penso em contato com outrem, mais do que escrevo o pensamento de outrem, e meu ideal é que isso seja verdadeiro mesmo se transcrevo textualmente, não tendo a esperança de expressar melhor o pensamento comum. O escritor é aquele que concebe e também eu concebo o que eu me aproprio em profundidade, o que me esforço por penetrar, por *compreender* no sentido pleno da palavra, o que faço meu: sou, pois, seu escritor também e coloco-o à parte como uma riqueza própria.

*

No tocante às notas tomadas a distância, não há mais nada de essencial a ser considerado. De perto, visando um trabalho, é necessário primeiramente reforçar a aplicação de nossas regras, e é preciso acrescentar o que se segue.

Pedíamos que a maneira de anotar fosse pessoal, quer dizer, estivesse em relação exata com o escritor: é preciso que ela esteja ainda em relação rigorosa com a obra a executar. Os senhores têm um objeto preciso: pensem nele intensamente; que seu espírito trace, se for o caso, um plano provisório segundo o qual orientarão suas leituras e suas reflexões, também segundo o qual anotarão isto ou aquilo que irá preenchendo os campos programados. Claude Bernard declarava que uma observação científica é uma resposta a uma pergunta que o espírito coloca a si próprio, e que só se encontra, na realidade, aquilo que se procura. Da mesma forma, uma leitura inteligente é uma resposta possível à pergunta que foi suscitada em nós pelo tema a tratar; assim, é preciso ler num estado de espera, como se acompanha com os olhos, na saída de uma estação ferroviária, a leva de passageiros em que se funde um amigo.

Como consequência, que a leitura seja cada vez mais tendenciosa, que ela não se paute mais unicamente na vocação e na pessoa, mas também naquilo para o qual ambas estão voltadas no momento. Uma leitura desse tipo equivale à adoção de uma norma de ação pré-determinada. Ora, uma norma é tal qual um crivo que retém o grão desejado e deixa passar os demais. Não se distraiam; não se demorem; tenham exclusivamente seu objetivo presente diante de si, sem qualquer consideração pelo do autor, que talvez seja totalmente diferente. Ouso dizer, a despeito do que esta palavra tem de desagradável e de contraindicado em quase todos os casos: usem antolhos, para melhor se concentrarem naquilo que, neste exato momento, exige-os presentes por inteiro.

*

Há aqui dois procedimentos um pouco diferentes que talvez caiba empregar alternadamente, conforme a natureza da obra.

Os senhores podem montar um plano detalhado e só depois reunir a documentação. Podem começar pela documentação, por reflexões e leituras que pressupõem obviamente algumas diretrizes, mas sem um plano propriamente dito. Passam então a rodear o assunto, a encará-lo sob todos os seus aspectos, a sondá-lo tentando não deixar nada por explorar; ideias de planos vão surgindo e os senhores as anotam, como Pascal, quando escreve encabeçando um fragmento: *ordem*; os senhores separam os documentos a utilizar sem alterações; fixam as ideias a desenvolver, assinalando apenas, se elas se apresentarem, suas características principais; mencionam os termos adequados, as comparações acertadas que lhes ocorrerem; vez por outra redigem um trecho inteiro, não na intenção de dá-lo por encerrado, mas porque surgiu espontaneamente e a inspiração é como a graça, que passa e não volta mais.

Quando acharem ter esgotado a matéria, quero dizer quanto ao que pretendem ou esperam, seu trabalho está pronto; o canteiro está repleto de materiais dentre os quais alguns não têm forma, outros foram talhados provisoriamente. Falaremos dentro em pouco da construção; mas já se vê que o plano provirá nesse caso dos próprios materiais, e não os materiais do plano.

Este último procedimento, que parece o menos lógico, e que de fato tem menos lógica, falando-se de modo abstrato, tem a vantagem de deixá-los mais soltos em suas reflexões e em seus estudos preparatórios, de entregá-los mais à inspiração, de mantê-los na alegria, em função de poderem encontrar sem se obrigarem a procurar de modo excessivamente direcionado, de poderem ir, voltar, protelar, esperar uma boa disposição e só trabalhar num estado de frescor, sem imposição mental.

Uma obra pode, assim sendo, estar pronta sem ter sido começada; todo seu valor está determinado em suas anotações; o plano lá está de modo latente, com todas as alternativas de combinações que os arquitetos preveem ao montar um projeto; mas a matéria está apreendida, dominada e os senhores estão seguros, estando definido o plano, de que não será um esquema arbitrário, um sistema de campos numerados a serem necessariamente preenchidos mesmo que às vezes os senhores não tenham para colocar lá nada que seja como um jorro espontâneo e, consequentemente, vivo.

Os apontamentos considerados sob esse enfoque, anotações de estudo, anotações de inspiração, não podem ser feitos quando se está "à toa"; constituem um trabalho efetivo, deve-se reservar sua busca para o que chamamos de momentos de plenitude. As outras anotações, sem escapar à obrigação do esforço, terão por vezes um caráter de feliz achado, de acaso. As melhores serão entretanto as que um estudo aprofundado os incita a colher e a armazenar como a riqueza de uma vida.

II. COMO CLASSIFICAR SUAS ANOTAÇÕES

As notas uma vez tomadas, e supondo-se que sejam consideradas aptas a ter alguma utilidade mais tarde, é preciso classificá-las. No setor da indústria, organização é dinheiro, e quanto dinheiro! Na ciência, é pensamento. É inútil anotar se não puderem encontrar em tempo hábil o que não passaria, nesse caso, de um tesouro enterrado. Conservar o rastro de suas leituras e reflexões, levantar documentos, está muito bem; mas com a condição de se ficar com isso capacitado a folhear quando se quiser o autor predileto e também a folhear-se a si mesmo.

É aconselhável precaver-se contra a obsessão típica do colecionador que muitas vezes contamina os que se dedicam a fazer anotações. Eles querem lotar seu caderno ou seu fichário; eles ficam ansiosos por preencher os vazios e empilham textos como quem atulha seu álbum de selos ou de cartões-postais. Tal prática é deplorável; cai-se simplesmente na infantilidade; não se está longe de virar um maníaco. A ordem é uma necessidade; mas é ela que deve por-se a nosso serviço, e não nós ao dela. Obstinar-se em acumular, em completar, é distrair-se da produção e até da aprendizagem; a preocupação excessiva com a classificação é tomada à que deveria estar voltada para a utilização. Ora, tudo aqui deve se subordinar ao bem do trabalho.

*

Como classificar suas notas? Os homens famosos adotaram diferentes sistemas. O melhor, no fim das contas, é o que se experimentou, se confrontou com suas necessidades e seus hábitos intelectuais, e se consagrou por uma longa prática.

O sistema do registro onde se escreve ou se cola em sequência as anotações coletadas é muito falho, por não permitir nenhuma classificação, mesmo com a ajuda de espaços que se pula deixando-os em branco, já que não se pode pré-determinar seu tamanho. Registros diferentes para cada assunto corrigem um pouco esse inconveniente, mas também não permitem uma classificação precisa, além de se prestarem mal a um uso rápido durante o ato de escrever.

Pode-se ter pastas de cartolina com o título da categoria a que pertencem os apontamentos nelas contidos. Um conjunto de pastas semelhantes, correspondendo a um título mais geral, poderá ser guardado num vão da estante, e em cada uma dessas divisões constará, do lado de fora, se não o próprio título, que eventualmente se preferirá não expor tão abertamente, pelo menos um número de ordem referente a um índice que o trabalhador manterá sempre à mão.

Mas, de longe, o método mais prático, ao que parece, para a maioria dos trabalhos, é o método das fichas. Tenham fichas de papel grosso o bastante, de tamanho padronizado que os senhores escolherão de acordo com o comprimento médio de suas anotações. Nada impede que continuem numa segunda ficha o levantamento iniciado na primeira. Suas fichas serão cortadas com precisão à máquina, trabalho que qualquer encadernador ou impressor realizará em cinco minutos e que estabelecimentos especializados lhes poupam, colocando a seu dispor fichas de tamanhos variados, de várias cores, juntamente com os fichários e demais acessórios necessários.

De fato, se sua coleção de anotações tem de ser volumosa, serão necessárias caixas, um móvel para arquivar com gaveteiros de dimensões apropriadas. São também necessárias fichas com entalhes, marcações ou perfuradas para numerar ou assinalar visivelmente as categorias, no canto ou no meio de cada ficha.

Estando aceito esse ponto de partida, eis como se deve proceder.

Quando tomarem nota de algo durante uma leitura, refletindo acerca de um trabalho, na cama etc., tomem-na numa ficha ou, se não dispuserem de uma ao alcance da mão, numa papeleta, usando apenas a frente para poder colá-la mais tarde. Estando escrita a ficha, classifiquem-na, a menos que decidam adiar essa etapa, conforme o conselho dado há pouco.

Classificar pressupõe que tenham adotado um método cuidadosamente escolhido em função das imposições de seu trabalho. Não se pode dar aqui senão indicações muito gerais. Cada um deve elaborar, se for o caso, seu catálogo de temas, com divisões e subdivisões, acerca dos quais ele já possui ou pensa ter de conseguir anotações. Um sistema muito engenhoso, chamado de *sistema decimal*, é aplicável a todos os tipos de pesquisas; fica exposto com clareza numa brochura interessante que recomendo.[11]

Querendo-se evitar complicações, que são efetivamente um inconveniente muito sério, que se recorra a seu lado prático pessoal. É imprescindível ser realista nessa questão e não bancar o esperto estabelecendo divisões *a priori*, que de nada serviriam.

De acordo com o catálogo, se houver catálogo, cada divisão ou subdivisão estando provida de uma letra ou de uma numeração, os senhores podem arquivar suas fichas. Por estarem arrumadas, será muito fácil encontrá-las na hora do trabalho.

III. COMO UTILIZAR SUAS ANOTAÇÕES

Ei-los prestes a fazer uso da documentação. Estão de posse da coleta recente, das notas tomadas precisamente para a obra atual; possuem também em reserva, ainda não extraídas dos arquivos, as anotações antigas que estão mais ou menos diretamente relacionadas à obra. Reúnam tudo consultando, se for o caso, o catálogo e as indicações que ele lhes fornece. Em seguida, segundo o que foi exposto acima, dois caminhos se abrem diante dos senhores.

Se possuírem um plano pormenorizado e se foi pautando-se nele que estabeleceram ou procuraram seus apontamentos, numerem os itens sucessivos desse plano; numerem paralelamente (a lápis e de leve se as notas devem ser reutilizadas no futuro) as fichas a eles relacionadas; reagrupem o que tiver o mesmo número, formando montinhos e inserindo-os num prendedor; classifiquem esses apanhados, e só lhes resta começar a redigir espalhando a sua frente, sucessivamente, o conteúdo de cada apanhado.

Se, pelo contrário, prepararam sua obra sem plano pré-definido, partindo de algumas linhas gerais, é chegada a hora de estabelecer o plano; devem extraí-lo da própria documentação. Para tanto, eis como podem proceder. Os senhores têm em mãos todas as suas fichas misturadas; tomem-nas uma depois

---

[11] *L'Organisation du Travail Intellectuel* [A Organização do Trabalho Intelectual], pelo dr. Chavigny, professor-adjunto do Val de Grâce, Delagrave, 1918.

da outra e inscrevam numa folha, em sequência, o conteúdo de cada uma, fazendo uso de sentenças tão breves quanto possível. Uma vez esgotado o estoque, terão diante de si as ideias de que dispõem. Percorram-nas dando-se conta de suas relações e dependências; isolem mentalmente as ideias mestras; inscrevam sob cada uma tudo o que lhe disser respeito; apoiem-se para fazer isso numa numeração assinalada na margem, que se pode corrigir tantas vezes quanto necessário. Pouco a pouco a clareza aparecerá e uma ordem se estabelecerá em meio a essa massa confusa de elementos.

Feito isso, recopiem suas sentenças seguindo a ordenação obtida, os números agora seguindo-se corretamente. Há vazios em seu plano, preencham-nos: farão, caso se torne necessário, pesquisas adicionais a respeito deles; numerem com o número que corresponde a cada tema as fichas a ele relacionadas; classifiquem e retenham com um clipe os apanhados como há pouco, e sua redação está preparada.

CAPÍTULO VIII
O Trabalho Criador

I. ESCREVER

Assim, senhores, é chegada a hora de realizarem. Não se pode ficar sempre só aprendendo e sempre só preparando. Além do quê, aprender e preparar não se dão sem uma certa dose de realização que os favorece. Só se encontra seu caminho ao tomá-lo. Toda vida anda em círculo. Um órgão que se ativa cresce e se fortalece; um órgão fortalecido se ativa de modo mais potente. É preciso escrever ao longo de toda a vida intelectual.

Escreve-se primeiramente para si, para enxergar claramente sua situação, determinar melhor seus pensamentos, manter e reavivar a atenção que logo esmorece se a ação não se impuser a ela, para desencadear as pesquisas cuja necessidade é suscitada durante a produção, para animar o esforço que se cansaria se não constatasse nunca algum resultado visível, finalmente para modelar seu estilo e adquirir esse valor que complementa todos os demais: a arte do escritor.

Por se escrever, deve-se publicar, tão logo juízes fidedignos os acharem capacitados para isso e os senhores mesmos sentirem-se aptos ao voo. O pássaro bem sabe quando ele pode enfrentar o espaço; sua mãe o sabe com maior segurança: apoiados em si próprios e numa sábia maternidade espiritual, voem, assim que puderem. O contato com o público os obrigará a aprimorarem seu trabalho; os elogios merecidos os encorajarão; as críticas exercerão o devido controle; o progresso lhes será por assim dizer imposto, em lugar da estagnação que poderia resultar de um silêncio perpétuo. A paternidade intelectual é uma semeadura de bens. Toda obra é um manancial.

O padre Gratry insiste muito na eficácia da escrita. Ele gostaria que se meditasse sempre segurando a pena na mão e que a hora pura da manhã fosse dedicada a esse contato do espírito consigo mesmo. Deve-se levar em conta as disposições pessoais; mas é certo que na maioria das pessoas, a pena que corre desempenha o papel do treinador nos jogos esportivos.

Falar é ouvir sua alma e nela a verdade; falar solitária e silenciosamente por meio da escrita é ouvir-se e sentir o verdadeiro com o frescor de sensação de um homem matinal que ausculta a natureza ao alvorecer.

É preciso, em tudo, começar. "O começo é mais que a metade do todo", disse Aristóteles. Nunca se produzindo nada, adquire-se o hábito da passividade; o medo causado pelo orgulho ou a timidez aumentam cada vez mais; recua-se, esgota-se de tanto esperar, cai-se na improdutividade como um broto que está amarrado.

A arte de escrever, como eu disse, exige essa longa e prematura dedicação que paulatinamente se torna um hábito mental e constitui o que se chama de estilo. Meu "estilo", minha "pena", é o instrumento espiritual que eu emprego para me dizer e dizer a outrem o que eu entendo da verdade eterna. Esse instrumento é uma qualidade de meu ser, uma dobra interior, uma disposição do cérebro animado, quer dizer que sou eu evoluído de determinada maneira. "O estilo é o homem."

O estilo se forma, pois, em cada um junto com o escritor; a mudez é um apequenamento da pessoa. Se quiserem ser plenamente, do ponto de vista intelectual, é preciso saber pensar em voz alta, pensar explicitamente, isto é, formular seu verbo para o interior e para o exterior.

Talvez seja esta a ocasião apropriada de dizer em algumas palavras o que deve ser um estilo que responda aos fins sugeridos aqui ao intelectual.

Que pena! Seria melhor não escrever nada, para ter a ousadia de dizer como se escreve. A humildade não é difícil quando, diante de Pascal, La Fontaine, Bossuet, Montaigne, já se esteve dominado por um grande estilo ou já se experimentou sua vastidão cheia de paz. Pelo menos pode-se confessar o ideal que se almeja e que não se alcança; declará-lo é ao mesmo tempo acusar-se e honrar-se nele, que nos julga.

*

As qualidades do estilo podem ser explicadas em tantos artigos quantos se quiser. Tudo pode se traduzir, acredito eu, nestas três palavras: verdade, individualidade, simplicidade, a menos que se prefira resumir-se nessa única expressão: escrever com verdade.

Um estilo é verdadeiro quando responde a uma necessidade do pensamento e quando permanece em contato íntimo com as coisas.

O discurso é um ato de vida: ele não deve representar uma ruptura na vida, e é o que ocorre quando caímos no artificial, no convencional – o sr. Bergson diria o que "já está dado". Escrever de um lado, viver por outro lado sua vida espontânea e sincera, é ofender o verbo e a harmoniosa unidade humana.

O "discurso de circunstância" é o tipo da coisa que se diz porque é-se obrigado a dizê-la, que é pensada apenas literariamente e onde se despende esta eloquência de que zomba a verdadeira eloquência. Tanto que o discurso de circunstância não passa muitas vezes de um discurso de ocasião. Ele pode vir a ser genial, e Demóstenes ou Bossuet o comprovam; mas só o será se a circunstância tirar do nosso âmago o que brotaria por si, o que está ligado a nosso modo de ver costumeiro, a nossas meditações de sempre.

A virtude da palavra, falada ou escrita, é uma abnegação e uma retidão: abnegação que tira a pessoa do caminho quando se tratar de uma troca entre a verdade que fala para o interior e a alma que escuta; retidão que expõe ingenuamente o que se revelou na inspiração e não acrescenta qualquer verborragia.

"Olha no teu coração e escreve", diz Sidney. Quem escrever assim, sem orgulho nem artifícios, como que para si, fala na realidade para a humanidade, se ele possuir o talento que faz com que uma palavra verídica vá longe. A humanidade se reconhecerá, pois foi ela quem inspirou o discurso. A vida reconhece a vida. Se entrego ao próximo tão somente papel branco manchado de preto, ele o olhará talvez com certa curiosidade mas em seguida o deixará cair no chão; se sou uma árvore ofertando sua folhagem e seus frutos cheios de seiva, se me entrego com plenitude, eu convencerei e, como Péricles, deixarei o dardo alojado nas almas.

Obedecendo às leis do pensamento, só me resta mostrar que permaneço perto das coisas, ou melhor, no íntimo das coisas. Pensar é conceber o que é; escrever com verdade, isto é, em conformidade com o pensamento, é revelar o que é, não enfiar frases. Por isso, o segredo para escrever é colocar-se ante as coisas com fervor, até que elas lhes falem e determinem elas próprias o que deve expressá-las.

O discurso tem de corresponder à verdade da vida. Aquele que ouve é um homem; aquele que discorre não deve ser uma sombra. O ouvinte lhe traz uma alma a ser curada ou aclarada: não lhe sirvam palavras. Enquanto desfiarem seus períodos, deve-se poder olhar para fora, olhar para dentro, e sentir que há uma correspondência.

A verdade do estilo afasta o chavão. É o nome que se dá a uma verdade antiga, uma fórmula que caiu no uso corrente, um lote de expressões outrora novas que já não o são mais justamente por terem perdido o contato com a realidade de onde haviam nascido, por estarem flutuando nos ares, como ricos brocados agora em frangalhos em vez de um jato de vida, uma transcrição direta e imediata da ideia.

Como observa Paul Valéry, é o automatismo que desgasta as línguas. Está-se vivo, diz ele, quando se usa a sintaxe sempre "com plena consciência", quando se cuida para articular com vigilância todos os elementos, quando se evitam certos efeitos que surgem por si e que se acham no direito de ganhar posição de destaque. Tal pretensão é exatamente a razão que deve levar à eliminação desses parasitas, desses intrusos, desses encrenqueiros.

O grande estilo consiste na descoberta das ligações essenciais entre os elementos do pensamento, e numa arte de expressá-las à exclusão de todo e qualquer balbuciar acessório. "Escrever como se deposita o orvalho sobre a folha e as estalactites sobre as paredes da gruta, como a carne decorre do sangue e como a fibra lenhosa da árvore se forma a partir da seiva":[1] seria o ideal!

---

[1] Emerson, *Autobiographie* [Autobiografia], Edit. Régis Michaud, Colin éd., p. 640.

A parte orgulhosa e perturbadora da pessoa ficará ausente de tal discurso, afirmamos nós, mas a expressão com personalidade ficará com isso ainda mais acentuada e marcante. O que sai de mim sem mim se parece comigo em virtude de uma necessidade. Meu estilo é minha cara. Um rosto recebe da espécie seus caracteres gerais, mas ele sempre possui uma individualidade impressionante e incomunicável; ele é único sobre a terra e através de todos os séculos; daí provém, em parte, o interesse tão fascinante que desperta um retrato.

Ora, nosso espírito é certamente muito mais original ainda; mas nós o escondemos por trás das generalidades banais, das frases padronizadas, das combinações de palavras que representam apenas velhos hábitos, em vez de amor. Mostrá-lo tal como ele é, apoiando-se, mas sem nelas perder-se, nas aquisições que pertencem a todos, seria despertar um interesse infindável, e seria arte.

O estilo que convém a um pensamento é como o corpo que pertence a uma alma, como a planta que provém de determinada semente: ele tem sua arquitetura própria. Imitar equivale a alienar o pensamento; ter uma escritura sem caráter é declará-la indefinida ou infantil.

Nunca se deve escrever "à maneira de...", mesmo que seja à maneira de si mesmo. Não se deve ter *maneira* alguma: a verdade não tem nenhuma; ela se coloca; ela é sempre nova. Mas o som emitido pela verdade não pode deixar de ser particular a cada um de seus instrumentos.

"Todos os homens verdadeiramente grandes foram originais", escreve Jules Lachelier, "porém eles nem quiseram nem acreditaram sê-lo; pelo contrário, foi tentando transformar suas palavras e seus atos numa expressão adequada da razão que eles encontraram a forma específica pela qual eles estavam destinados a expressá-la".

Todo instrumento tem um timbre. Se a maneira é uma afetação, a originalidade autêntica é uma verdade; ela reforça, em vez de enfraquecê-la, a impressão a produzir no leitor, que por sua vez absorverá segundo seu próprio padrão. O que se proscreve não é o sentimento pessoal por meio do qual tudo é renovado e glorificado, é a vontade própria em oposição ao reinado do verdadeiro.

*

Disso decorre a simplicidade. O floreio é uma ofensa ao pensamento, a menos que se constitua num truque para esconder seu vazio. Não há floreios no real; há apenas necessidades orgânicas. Não que não exista nada de brilhante na natureza; mas nela também o brilhantismo é orgânico, ele está fundamentado num direito de existência cujos alicerces jamais apresentam falhas.

Para a natureza, a flor é tão grave quanto o fruto, e a folhagem quanto o galho; tudo depende das raízes e não passa da manifestação do germe onde está escondida a ideia da espécie. Ora, o estilo, quando provém de uma mão operária, imita as criações naturais. Uma frase ou um trecho escrito devem estar constituídos como um ramo vivo, como filamentos de raiz, como uma árvore. Nada mais do que isso, nada fora disso, tudo dentro da curva pura que leva do germe ao germe, do germe desabrochado no escritor àquele que deve desabrochar no leitor e propagar a verdade ou a bondade humana.

O estilo não foi feito para si mesmo. Querer garantir seu futuro é descaminhá-lo e aviltá-lo. É sinal de que não se dá a menor importância à verdade quando se fica agarrado à "forma", quando se aceita tornar-se, em vez de poeta, rimador, em vez de escritor, estilista! Quem é um gênio em matéria de estilo deve levá-lo à perfeição, que é um direito de tudo quanto existe; cada qual tem o desejo legítimo de tornar-se especialista nisso, tanto quanto o velho ferreiro forjando sua peça; mas o ferreiro não perde seu tempo torneando por prazer ornatos em espiral, ele produz barras, ferragens, grades.

O estilo exclui a inutilidade; ele pratica uma rigorosa economia em meio à riqueza; ele gasta tudo que for necessário, poupa neste ponto usando de alternativas muito hábeis e esbanja naquele outro pela glória da verdade. Seu papel não é o de brilhar, mas o de promover: ele próprio deve sair de cena, e é então que sua própria glória resplandece. "O belo é a purgação de todo supérfluo", dizia Michelangelo, e Delacroix destaca neste último "os grandes entrelaçamentos, as maçãs do rosto simples, os narizes sem detalhes". Ele assinala que isso não pode combinar senão com contornos bem marcados, como em Michelangelo, Leonardo e sobretudo Velázquez, mas não em Van Dyck, e eis mais uma lição para nós.

Deem preferência a escrever na forma que for inevitável, partindo do pensamento preciso ou do sentimento exato que devem expressar. Tenham por fim o de serem compreendidos por todos, como convém a um homem que fala aos homens, e procurem atingir neles tudo o que for direta ou indiretamente uma ferramenta da verdade. "Um estilo completo é aquele que toca todas as almas e todas as faculdades das almas."[2]

Não cortejem a moda; sua época os influenciará por si só e se arranjará para se conformar com as exigências da eternidade. Ofereçam água da fonte, não drogas ácidas. Muitos escritores, hoje em dia, têm um sistema: todo sistema é um exibicionismo, e todo exibicionismo uma afronta à beleza.

Cultivem a arte da omissão, da eliminação e da simplificação: é o segredo da força. É só o que os mestres, afinal de contas, vivem repetindo, como São João repetia: "Amai-vos uns aos outros". A lei e os profetas, em matéria de estilo, são a nudez inocente que revela o esplendor das formas vivas: pensamento, realidade, criações e manifestações do Verbo.

Infelizmente, a inocência do espírito é rara. Quando existe, está às vezes conjugada à nulidade. Por conseguinte, apenas duas espécies de espírito parecem predispostos à simplicidade: os espíritos de pouca envergadura e os gênios; os demais ficam obrigados a adquiri-la trabalhosamente, entravados por sua riqueza e incapazes de impor-se limites como gostariam.

II. DESPRENDER-SE DE SI MESMO E DO MUNDO

O estilo e, de modo mais geral, o trabalho criador pedem o desprendimento. A personalidade invasiva deve ser afastada, o mundo, esquecido. Será possível, ao pensar na verdade, deixar-se distrair consigo mesmo? O que esperar de um homem que se detém em si próprio? Volto minha esperança para aquele que toma impulso, distanciando-se da personalidade efêmera, rumo ao imenso e ao universal, que vai seguindo seu curso, enquanto astrônomo, na companhia dos astros, enquanto poeta, filósofo, teólogo, na da matéria animada ou inanimada, na da humanidade individual e social, das almas, dos anjos e

---

[2] Gratry, *Les Sources* [As Fontes].

de Deus. Creio nesse porque o espírito da verdade nele habita, e não alguma mísera preocupação.

Trabalhar unicamente segundo a intelecção, já vimos que isso não basta: o homem tem de estar envolvido. Mas o homem que se introduz no trabalho não deve ser o homem de paixão, o homem de vaidade, o homem de ambição ou de vã complacência.

Todo mundo fica cheio de paixão em certos momentos, mas em momento algum a paixão deve ser dominante. Todo mundo está sujeito à vaidade, mas que o trabalho seja no fundo uma vaidade, eis em que consiste o vício. Não se trata do que conseguiremos tirar da ciência, e sim do que poderemos lhe dar. O essencial não é a acolhida que se dará a nossas palavras, mas a acolhida que nós próprios daremos à verdade e aquela que preparamos para ela nos outros. Que peso têm, face a esse fim sagrado, nossos cálculos mesquinhos e egoístas? Muitos seres que parecem dedicados de coração a uma obra dão-lhe menos importância do que a sucessos minúsculos. A formação dos mundos, a ascensão das espécies, a história das sociedades, a economia do trabalho podem valer-lhes a faixa vermelha da Legião de Honra ou a condecoração roxa das Palmas Acadêmicas; sua poesia aspira fazê-los ser tratados com um "caro Mestre", sua pintura sonha com a honra das cimalhas na sala de exposições; Corneille interpretado por Talma fica reduzido à exibição de quem quer "se mostrar". É óbvio que um espírito virado pelo avesso dessa maneira se deteriora. Tais metas só podem degradar o trabalho, e caso nos alcemos um pouco na escala das ambições, caso deixemos de lado o sucesso do aqui e agora, contando chegar lá em decorrência de nossa própria posição desinteressada, o resultado será o mesmo.

A inspiração não é compatível com o desejo. Qualquer um que queira algo para si afasta de si a verdade: o Deus enciumado não o hospedará. Deve-se trabalhar num estado de espírito de eternidade, como dizíamos, e o que há de menos eterno que um intento ambicioso? Voltados inteiramente para a verdade, os senhores devem servi-la e não dela servir-se.

Só se age com plenitude em prol das causas pelas quais se aceitaria morrer. Estão preparados a morrer pela verdade? Tudo o que escreve um genuíno amigo do verdadeiro, tudo o que ele pensa deveria ser como os sinais que com o sangue de seu ferimento São Pedro mártir traçava à beira da morte: *credo*.

A personalidade egoísta age sempre no sentido de apequenar; ela contamina tudo, diminui tudo; ela desorienta a energia. Aquele que caminha em frente, inspirando-se no verdadeiro e deixando com Deus a responsabilidade das consequências, esse, sim, é um digno pensador. "Para mim o viver é o Cristo", diz São Paulo: aí está uma vocação e uma certeza de ação vitoriosa. Só se é realmente um intelectual se se pode dizer: para mim o viver é a verdade.

*

Uma forma de personalidade particularmente hostil ao trabalho é essa hipocrisia quase universal que consiste em exibir uma aparência de saber, no ponto em que a sinceridade confessaria sua ignorância. Dissimular sua indigência intelectual à sombra das palavras é o que se critica no escrevinhador improvisado, no jornalista sem assunto ou no deputado desinformado; mas todo escritor que usar de honestidade ao se autoavaliar deverá confessar que ele se dobra a todo momento, nesse particular, às sugestões do orgulho. Tenta-se guardar para si seu segredo; disfarça-se sua incompetência; assumem-se ares de superioridade ao sentir-se inferior; passa-se a "afirmar", a "declarar", a "estar certo de que..."; no fundo, não se sabe nada; tentando impor-se a seus semelhantes e ficando-se vagamente convencido da verdade do papel que se está representando, deixa-se ser seduzido por si mesmo.

Outra tara, no pensamento, é a busca dessa falsa originalidade que condenávamos há pouco no estilo. Querer submeter o verdadeiro a sua pessoa é de um orgulho insuportável e vira estupidez. A verdade é essencialmente impessoal. Que ela tome de empréstimo nossa voz e nosso espírito, e ela ficará marcada por ambos independentemente de nossa vontade. Aliás, quanto menos pensarmos nisso, mais marcada ela estará; mas pressionar a verdade para que ela se pareça conosco é falseá-la, é substituir essa imortal por um profanador e um efêmero.

"Não olheis de onde vem a verdade", dizia Santo Tomás: não olhem tampouco a quem ela confere glória; desejem que seu leitor, diante de sua obra, não olhe tampouco de onde vem a verdade. Esse desinteresse sublime é a marca do grande ser; aspirar a ele, fazer dele sua lei aceita para sempre, se não para sempre cumprida, é corrigir o que não se pode subtrair a sua miséria. Cresce-se assim por meio da única verdadeira grandeza. O humilde suporte tem sua cota de glória quando a verdade resplandece, chama autêntica, no candelabro do espírito.

*

É preciso também, como eu dizia, esquecer o público. "Quanto mais um livro for escrito longe do leitor, mais forte ele será", disse o padre Gratry em *Les Sources* [As Fontes], e os *Pensamentos* de Pascal, os escritos de Bossuet para o Delfim, a de Santo Tomás de Aquino, sobretudo, são citados como exemplo; a comparação entre o *Petit Carême* [Pequena Quaresma] e os *Discours Synodaux* [Discursos Sinodais] de Massillon vem confirmá-lo. Isso é verdade, e Vauvenargues concorda quando diz: "Tudo o que se pensou só para os outros é habitualmente pouco natural".

O que não significa que se possa negligenciar o próximo e se desinteressar de ser útil. O intelectual pertence a todos e deve estar ciente disso. Mas preocupar-nos em ser de alguma utilidade não é pedir que nos deem ordens. Não devemos nos deixar influenciar pelo diz que diz que; não devemos usar de evasivas cedendo às pressões de um conformismo covarde, que se afirma amigo de todo mundo para que todo mundo retribua com a mesma complacência.

Querer obter a aprovação pública é tirar do público uma força com a qual ele contava. Os senhores não lhe são devotados? Não terá ele o direito de lhes perguntar: onde está sua obra? Ora, o pensamento não será obra sua se a preocupação em agradar e adaptar-se torna sua pena servil. O público pensará então pelos senhores, que são quem deveria pensar por ele.

Procurem a aprovação de Deus; meditem exclusivamente a verdade, por si e pelos outros; não sejam escravos e tornem-se dignos de dizer com Paulo: "A palavra de Deus não está presa".

Essa independência virtuosa é ainda mais necessária pelo fato de o público, por constituir uma massa, ter em mãos tudo quanto baste para se impor. O público é primário. Na maioria das situações em que ele predomina, inclusive por deter a superioridade numérica, ele proclama posições convencionais, nunca verdades; ele quer ser bajulado; ele teme principalmente ser perturbado. Para que as verdades essenciais consigam tê-lo como ouvinte, é preciso que lhe sejam impostas à força. Os senhores estão capacitados para fazer isso, e é essa violência benéfica que o pensador solitário deve tentar praticar.

Sua força para consegui-lo é apoiar-se em si mesmo e na natureza das coisas; é "bater como um surdo", para empregar as palavras de madame de Sévigné acerca de Bourdaloue, e gritar o "salve-se quem puder" que acaba seduzindo e conquistando as almas.

Nada é tão verdadeiramente poderoso e tão verdadeiramente contagiante quanto uma plena convicção, conjugada a um caráter que saiba dar aos fracos humanos as garantias de que precisam. Aqueles mesmos que exigem ser adulados desprezam seu adulador e se rendem a seu senhor. Se os senhores forem desse mundo, esse mundo os amará por serem dele, mas seu desdém silencioso dará a medida da queda que os espera.

Esse mundo perverso no fundo ama apenas os santos; esse covarde sonha com os heróis; Roger Bontemps é tomado de seriedade e pensa em converter-se diante de um asceta. Sendo essa a índole da humanidade, não se deve ceder à pressão da opinião pública e escrever como se ela estivesse lendo por cima de seu ombro. É indispensável despojar-se de outrem tanto quanto de si mesmo. No âmbito intelectual como em todos os demais, superar o homem é preparar-se para os prodígios, pois é abrir caminho para o Espírito.

Diante de sua escrivaninha e no interior da solidão onde Deus fala ao coração, seria preciso ouvir como a criança escuta e escrever como a criança fala. A criança é simples e desimpedida porque não tem ainda vontade própria, opinião formada, desejos factícios, paixões. À sua singela confiança e a seu modo de falar direto se agrega um interesse profundo. Um homem maduro e repleto de experiência, que teria todavia sido capaz de preservar essa candura, seria um belo receptáculo para a verdade, e sua voz retiniria no âmago das almas.

III. SER CONSTANTE, PACIENTE E PERSEVERANTE

O trabalho criador requer ainda outras virtudes; suas exigências correspondem a seu preço. Exponho aqui três desses requisitos que se ratificam entre si e impedirão que a obra seja demasiado curta ou indigente. É preciso abordar o trabalho munido da *constância* que se mantém pronta para produzir, da *paciência* que suporta as dificuldades, da *perseverança* que evita o desgaste do querer.

Diz Nicole:

> Não se deve imaginar que a vida de estudo seja uma vida fácil (...) A razão disso é que nada é mais contrário à natureza do que a uniformidade e o descanso, porque nada mais nos dá ainda a oportunidade de estarmos com nós mesmos. As mudanças e as ocupações exteriores nos carregam para fora de nós e nos distraem a ponto de fazer-nos esquecer de nós próprios. Além disso, essa linguagem das palavras é sempre um tanto morta e nada tem que consiga ferir profundamente nosso amor-próprio e despertar vigorosamente nossas paixões. Ela está destituída de ação e de movimento (...) Ela nos fala muito pouco de nós mesmos e nos dá pouca chance de nos vermos com prazer. Ela dá parco apoio a nossas esperanças, e tudo isso contribui para mortificar estranhamente o amor-próprio que, em função de sua insatisfação, espalha desânimo e desgosto em todas as atividades.[3]

Essa análise, que lembra a teoria do *divertimento* de Pascal, poderia nos levar bem longe. Prefiro ater-me apenas ao "desânimo e desgosto" que, sendo aqui inimigos temíveis, devemos tratar de vencer.

Todos conhecemos exemplos desses intelectuais que trabalham aos trancos, com frases entrecortadas pela preguiça e a negligência. Há buracos no tecido de seu destino; eles o transformam num trapo remendado de qualquer jeito, em vez de fazer dele um nobre brocado. Queremos, quanto a nós, ser intelectuais o tempo todo, e que isso seja de conhecimento geral. Saber-se-á quem somos por nosso domínio da arte de descansar, de nos entreter, pelo modo como atamos os cordões dos sapatos: mais claramente ainda, isso se verá quando se tratar de fidelidade para com o trabalho, isto é, de cumprimento pontual e contínuo de nossa tarefa.

Tendo alguém pedido a Edison, um dia, que desse a uma criança uma recomendação de que ela pudesse lembrar-se, o grande inventor disse com

---

[3] Nicole, op. cit., p. 255.

um sorriso: "Meu garotinho, nunca fiques de olho no relógio". O próprio Edison prestava tão pouca atenção ao relógio que no dia de seu casamento – um casamento por amor – foram obrigados a ir buscá-lo; ele estava absorto numa de suas pesquisas, esquecido de si e do mundo.

É admirável estar-se entregue por completo ao que se está fazendo, tal e qual Deus, que não se separa de sua obra. Caso a atividade não valha a pessoa, melhor seria não se investir pessoalmente nela.

*

Cai-se frequentemente na tentação de perder tempo porque "não vale a pena começar já", porque "ainda não está na hora". Isso equivale a não se dar conta de que esses pedacinhos de duração que de fato não se prestam a desenvolver um empreendimento são os mais indicados para preparar o trabalho ou lhe dar algum retoque, para averiguar certas referências, proceder a anotações, classificar documentos etc. Vem a ser tempo ganho para as verdadeiras sessões de produção efetiva, e os momentos que se empregariam assim seriam tão úteis quanto os outros, já que essas tarefas miúdas referem-se a eles e lhes são imprescindíveis.

Durante as sessões propriamente ditas, a tentação consiste em interromper o esforço ao menor incidente que trouxer o "desânimo" ou provocar o "desgosto" mencionados por Nicole. As astúcias da preguiça são infinitas, como as das crianças. Ao procurar uma palavra que não vem, começa-se a rabiscar na margem da folha, e o desenho começado tem de ser terminado. Ao abrir o dicionário, nos sentiremos atraídos por uma curiosidade verbal, depois por outra, e lá vamos nos deixando ficar, enredados num matagal. Seu olhar bate num objeto; os senhores vão guardá-lo no seu devido lugar e ei-los por uns bons quinze minutos entretidos com uma ocupação das mais fúteis. Está passando alguém; um amigo apareceu no cômodo ao lado; o telefone atrai seus lábios,... ou então é o jornal que está sendo entregue, os senhores dão uma olhadinha nele e logo se embrenham sem poder voltar atrás. Como uma ideia leva a outra, é possível que o próprio trabalho os afaste do trabalho, e que um devaneio, sob a alegação de ter partido de um pensamento, os arraste para dentro de suas perspectivas sonhadoras.

Nos momentos de inspiração, essas armadilhas não precisam causar tanto receio, a alegria da descoberta ou da produção vai sustentá-los; mas as horas ingratas sempre aparecem e, enquanto durarem, poderosa será a tentação. Uma genuína força de alma se faz às vezes necessária para escapar a essas insignificâncias. Todos os trabalhadores se lamuriam dos instantes de depressão que cortam as horas de ardor e ameaçam arruinar seu rendimento. Quando a náusea se prolonga, chega-se a preferir uma tentativa de retorno à vida no campo a prosseguir um estudo tão desgastante; tem-se inveja do trabalhador braçal que, por seu lado, trata-o de vadio vendo-o em sua sossegada poltrona. Em meio a tamanho tédio, o risco de largar tudo não é nada pequeno!

É sobretudo nas guinadas que o caminho dá que se deve ficar atento à natureza repentina ou pérfida dos ataques. Todos os trabalhos passam por transições penosas; os encadeamentos constituem a grande dificuldade dos estudos e das criações. A sequência é tudo. Um percurso em linha reta é seguido por um cotovelo, cujo ângulo é difícil de se medir; perde-se a direção; há um momento de hesitação, e é então que surge o demônio da preguiça.

É aconselhável, algumas vezes, protelar, quando não se consegue ver a continuidade dos pensamentos e quando se fica exposto ao grave perigo das transições artificiais. Um pouco mais à frente, é bem possível que tudo se clareie por si. Como eu já disse, a noite, a límpida manhã, os momentos de descontração e devaneio são benéficos nessas situações. Mas diferir não é de modo algum entregar-se ao ócio. Tomem o trabalho por uma outra ponta e invistam aí sua dedicação e empolgação.

Recusem energicamente qualquer interrupção injustificada. Se sua lassidão for demasiada, façam uma pausa voluntária para recobrar as forças. A irritação não levaria a nada. Uma leitura rápida na obra do autor predileto, uma recitação em voz alta, uma prece de joelhos para mudar a condição orgânica e, consequentemente, destravar, em maior ou menor grau, a mente, um intervalo para respirar ao ar fresco, alguns movimentos ritmados: essas são as soluções possíveis. Depois do quê, retomem sua labuta.

Certas pessoas recorrem aos excitantes: é um método nefasto. Seu efeito é meramente momentâneo; é um meio que se esgota; a cada dia tem-se de aumentar a dose; taras físicas e mentais estarão aguardando no final dessa progressão.

Um estimulante mais inocente é a caminhada, seja ao ar livre, seja em seu escritório. Um bom número de trabalhadores engrenam o cérebro aquecendo os membros. "Meu pé também é escritor", dizia Nietzsche.

Contudo seu estimulante mais normal é a coragem. A coragem se mantém pela oração, obviamente, mas além disso pela visão sempre renovada da meta a atingir. O prisioneiro que tenta fugir sabe como conservar disponíveis todas as suas energias; ele não se enfastia com os longos preparativos, com as retomadas depois dos malogros: a liberdade aí está a chamá-lo. E os senhores, não têm de fugir do erro e conquistar a liberdade do espírito numa obra que executaram? Vejam seu trabalho pronto: essa aparição os fará recobrar o ânimo.

Outro efeito da constância é o de vencer as impressões de falso cansaço que tomam tanto o espírito quanto o corpo. Quando começamos uma excursão, é comum que a primeira subidinha já nos veja ofegantes e pesados; somos tomados de fadiga; de bom grado retornaríamos ao abrigo. Persistam: as articulações se desenferrujam, os músculos se exercitam, o fôlego se expande e os senhores experimentam a alegria de estar em atividade. O mesmo se dá com o estudo. À primeira sensação de cansaço não se deve dar ouvidos; é preciso forçar; é preciso forçar a energia interior a sair. Pouco a pouco o maquinismo se põe em funcionamento, nós nos adaptamos, e um período de entusiasmo pode seguir-se à penosa inércia.

Qualquer que seja sua causa, é preciso saber atravessar as dificuldades sem esmorecer, mantendo o controle sobre seu ser. Uma sessão de trabalho é como um terreno de corrida com obstáculos. Pula-se uma sebe; um pouco adiante é um fosso, depois um talude, e assim por diante. Diante da primeira barreira, não se para, pula-se, e os obstáculos estão separados por zonas tranquilas onde se avança em ritmo acelerado. Um impedimento que vencemos nos ensina a vencer outros que se apresentarem; um esforço nos poupa quatro outros; o alento de um minuto vale por um dia, e o trabalho duro por um trabalho fecundo e alegre.

Considerando-se a vida em geral, essa tenacidade contribuirá a tornar a atividade cada vez mais fácil para os senhores. Adquire-se o hábito de pensar, como se adquire o hábito de tocar piano, de montar a cavalo ou de pintar: Santo Tomás ditava durante o sono. O espírito se molda ao que lhe é pedido com frequência. Se os senhores não dispuserem de memória, adquiram uma para o que constitui seu tema constante; se tiverem inclinação para dispersar-se, cabe-lhes uma atenção de profissional; pouco hábeis em confrontar e avaliar as ideias, passem a frequentar assiduamente os gênios até chegar a um julgamento mais aguçado e mais seguro. Seja qual for o assunto, tendo dado a partida já algumas vezes, esquentado o motor, a estrada corre à solta.

Amiel perguntava a si mesmo um dia, em seu diário: "Por que és fraco? Porque cedeste dez mil vezes. Assim, te tornaste o joguete das circunstâncias. Foste tu quem fizeste sua força, não elas que fizeram tua fraqueza".

Aprendam a constância por uma aplicação e retomadas obstinadas: chegará o dia em que as indolências persistentes se dissiparão, os desânimos momentâneos praticamente não interferirão; os senhores se terão tornado homens; o trabalhador desprovido de constância não passa de uma criança.

*

À medida que se ganha experiência, vai-se percebendo que muitas das dificuldades são superadas antecipadamente por quem se atira energicamente ao trabalho, como um corredor que toma impulso. Entretanto, delas sempre sobrará uma quantidade considerável que ficará a cargo de uma virtude vizinha: a paciência.

Todos os gênios se queixaram das atribulações do pensamento, declarando que seus trabalhos, apesar de constituírem-se para eles numa necessidade e numa condição para sua felicidade, lhes infligiam torturas duradouras, às vezes verdadeiras angústias. Ainda ouço os gemidos de Bergson nesse sentido.

O cérebro tem leis obscuras; seu funcionamento depende pouquíssimo do querer; quando ele se recusa, o que se há de fazer? Quando o fio da ciência se emaranha e as horas vão passando em vão, quando um doloroso sentimento de impotência os invade sem que nada dê a entender que o fim da provação se aproxima, qual a saída e que socorro implorar senão o socorro divino?

Seu leitor não verá nada de especial em seus bons êxitos; criticará duramente suas falhas; nem desconfiará de seu penar. Aliás, ele não deve desconfiar disso. "As obras realizadas à custa de muito trabalho", dizia Michelangelo, "devem parecer, a despeito da verdade, fáceis e concebidas sem esforço (...) A regra fundamental é ter muito trabalho para criar coisas que parecem não ter custado nenhum". Boileau, por sua vez, não se gabava de ter ensinado a Racine a arte de fazer dificultosamente versos fáceis? Em matéria de ciência, dizia Biot: "Não há nada mais simples do que o que foi descoberto ontem, nem nada mais difícil do que o que será descoberto amanhã". Mas o público não tem noção disso. Os senhores devem carregar seu fardo sozinhos, e os grandes seres os previnem de que o fardo do pensamento é a carga mais pesada que o homem consiga suster.

Tratando-se de pesquisa, sejam tão indomáveis quanto o explorador das regiões polares ou da África central. Na investida contra o erro ou na resistência, é-lhes indispensável a firmeza e o ardor de César ou de Wellington. O trabalho, como a batalha, exige heroísmo. Um gabinete se torna às vezes uma trincheira onde se tem de fincar o pé, tal e qual um verdadeiro mártir.

Quando sentirem que estão desarmados, que foram vencidos; quando a estrada se estende à sua frente, interminável, ou quando, tendo tomado uma direção errada, tiverem a impressão de estar perdidos, afogados em densas brumas, desnorteados, é hora de apelar para as energias que os senhores têm de reserva. Persistam, resistam, tenham paciência, no sentido pleno da expressão, que evoca a Paixão do Mestre. O ardor é mais fácil que a paciência, mas ambos são exigidos, e o êxito é sua recompensa comum.

O alpinista que atravessa uma nuvem acha que o universo está imerso na noite: ele segue caminhando, e encontra, mais além, o sol. Quando, num dia de tempo ruim, se está num aposento fechado, parece impensável ir para o lado de fora: sai-se e consegue-se fazer tranquilamente seu trajeto, em seguida o tempo bom retorna.

É sobretudo sua longa duração que torna a arte de pensar tão pesada e tão desproporcional em relação às forças de que precisamos normalmente. *Ars longa, vita brevis*. Temos aí um campo aberto para o exercício da virtude da paciência. Ao respeitar as leis de eclosão das coisas e não ofender a ciência com uma pressa inconveniente, os senhores ganharão muito mais do que se mostrando afoitamente precipitados. A verdade e a natureza andam ao compasso, e a natureza opera em espaços de tempo à vista dos quais a vida e a morte do planeta têm a duração de um nascer e um pôr do sol.

"O que ocorre nas nascentes profundas", escreve Nietzsche, "ocorre com lentidão; elas devem esperar por longo tempo para saber o que caiu em sua profundeza".[4] A alma é essa fonte secreta: não procurem desvendar prematuramente seu mistério. As reservas de tempo a Deus pertencem; paulatinamente ele as vai liberando para nós; mas não nos compete exigir, impacientar-nos. O tesouro genuíno é o que chega no devido tempo.

Logo, evitem a agitação do homem com pressa. Apressem-se lentamente. No âmbito do espírito, a calma vale mais que a afobação. Aqui mais do que em qualquer outra situação se aplica o provérbio: quem espera sempre alcança. "A vida é longa quando bem preenchida", diz Leonardo da Vinci. O homem que dá tempo ao tempo tem todo o tempo do mundo, que está sediado na eternidade. Assim sendo, trabalhem num espírito de eternidade. Não confundam um estímulo generoso com as excitações que são quase que seu oposto já que elas cortam-lhe o ritmo. Os senhores não podem, encontrando-se num estado de perturbação, desenvolver este trabalho de paz que é o da ordenação das ideias, o da delicada elaboração dos novos pensamentos. Querem então perder tempo, por conta da estúpida aflição de que este lhes faltará?

Cristãmente, os senhores têm de respeitar a Deus em sua providência. É ele quem determina as condições do saber: a impaciência é para com ele uma revolta. Quando forem tomados de febre, a escravidão espiritual já estará a espreitá-los, a liberdade interior se dissolve. Não são mais os senhores que estão agindo, muito menos o Cristo nos senhores. Já não estão fazendo a obra do Verbo.

De que serve querer adiantar-se de modo tão impróprio, quando o caminho já é em si uma meta, o meio, um fim? Quando se olha o Niágara, sente-se vontade de vê-lo acelerar? A intelectualidade tem valor por si mesma em todos os seus estados. O esforço virtuoso é uma conquista. Aquele que trabalha para

---

[4] Friedrich Nietzsche, *Ainsi parla Zarathoustra*. Alcan éd. [Ed. brasileira: *Assim Falava Zaratustra*. 2.ed. Trad. e notas de Mário Ferreira dos Santos. Petrópolis/RJ, Vozes, 2008 - N. E.]

Deus e segundo Deus encontra em Deus sua morada. Que importa se o tempo correr, quando se está instalado ali?

*

O coroamento da constância e da paciência que perduram é a perseverança que leva a termo. "Aquele que perseverar até o fim, esse será salvo", diz o Evangelho. A salvação intelectual não está submetida a outra lei que não a da salvação total. "Quem põe a mão no arado e olha para trás" não é digno, nisso tampouco, do reino dos céus.

Quantos trabalhadores não abandonaram assim as lavouras, as sementeiras, renunciando às colheitas! A terra está toda povoada desses fujões. As primeiras tentativas assumem, na ciência, o caráter de provas eliminatórias: as personalidades fracas vão sucessivamente abandonando a competição, as valentes resistem; chegam ao final apenas os trezentos de Gedeão ou os trinta de Davi.

Perseverar é querer. Aquele que não persevera não quer, ele está só projetando. Aquele que desiste nunca insistiu; aquele que deixa de amar nunca amou. Se o destino é uno, o que não dizer de uma obra parcial. O intelectual genuíno é por definição perseverante. Ele assume a tarefa de aprender e de ensinar; ele ama a verdade de corpo e alma; ele é um consagrado: ele não renuncia prematuramente.

As grandes vidas nos mostraram, todas elas, essa sua marca suprema. Elas findam como um dia glorioso. Os vermelhos do poente são de uma beleza que não fica atrás dos leves tons dourados do amanhecer, e ainda lhe acrescentam sua grandiosidade. O homem de bem que trabalhou por longo tempo sem fraquejar pode pôr-se, ele também, em sua morte simples e suntuosa; sua obra o acompanha e ao mesmo tempo permanece entre nós.

Não sejam, os senhores que seguem os passos dos grandes, desses itinerantes acovardados que desertam, que vencem uma etapa, param, se perdem, se sentam como que esgotados e voltam mais cedo ou mais tarde para as regiões corriqueiras. É preciso obstinar-se até o fim da viagem. "Devagar se vai ao longe" e passadas largas sem persistência não passam de espalhafato vazio, pois não levam a lugar nenhum.

Fortaleçam sua vontade e confiem-na ao Senhor para que ele a consagre. Querer é sujeitar-se, é estar acorrentado. A necessidade do dever ou de uma resolução pensada, mesmo que livre de obrigações, deve ser tão imperativa para nós quanto as necessidades da natureza. Uma ligação moral não tem mais peso do que uma ligação material?

Saibam, pois, depois de terem estabelecido sua tarefa, tomá-la a peito com ágil determinação; excluam até mesmo as obrigações menores, quanto mais as infidelidades. Empenhem-se em profundidade, para conquistar a duração naquela de suas dimensões que lhes for mais diretamente acessível. Tendo enveredado por seu curso, não a abandonarão a não ser que dela parta a iniciativa de abandoná-los. Farão parte da linhagem dos pensadores fiéis. Os gigantes do trabalho, os Aristóteles, os Agostinhos, os Albertos Magnos, os Tomás de Aquino, os Leibniz, os Littrés, os Pasteurs, os reconhecerão por seus filhos e os senhores se dirigirão com dignidade ao encontro d'Aquele que os aguarda pacientemente.

IV. FAZER TUDO BEM FEITO E ATÉ O FIM

Estando preenchido o requisito dessas três virtudes, fica praticamente afastado o receio de um resultado medíocre e imperfeito. Todavia, é bom enfatizar com veemência a necessidade de aprimorar o acabamento e o dever de fazer chegar a seu termo tudo o que se julgou útil empreender.

Deve ter havido uma reflexão antes de se atacar o trabalho. Não passa de um avoado quem se lança numa aventura, seja ela grande ou pequena, sem "se sentar primeiro, como diz o Evangelho, para calcular a despesa". Quer a sabedoria que seja diante da obrigação de concluir que se delibere acerca da oportunidade de começar. Não terminar uma obra é destruí-la. "Quem relaxa em seu trabalho é irmão daquele que o destrói", dizem os Provérbios (18:9).

De que serve uma casa no decorrer de sua construção? Que testemunho pode prestar sobre quem assentou os alicerces e instalou as primeiras estruturas? Essa espécie de ruína faz pensar em desgraças. Nem se cogita que um ser vivo ou um homem que foi poupado pela fatalidade pudesse suportar esses muros que se assemelham às colunas destruídas dos cemitérios. E os senhores, construtores pelo espírito, querem que seu passado seja um campo de escombros?

Há pessoas com as quais se pode contar. Quando prometem, cumprem. Ora, todo começo constitui uma promessa, a menos que não passe de uma asneira. Outras há que se comprometem, juram por todos os santos, e nada acontece; tem-se a impressão de que não são indivíduos que se prestam a obrigações; não se pode forçá-los e eles próprios não podem forçar-se: são água corrente.

Pessoas desse feitio representam moralmente uma espécie inferior; o intelectual que se parecer com elas não é um intelectual, sua vocação condenou-se a si própria. Os senhores que são consagrados, tomem definitivamente a decisão de serem fiéis. Há uma lei em seu interior: que essa lei seja obedecida. Se os senhores disseram "Eu farei", façam. Um caso de consciência é-lhes colocado: tomem uma resolução que não lhes manche a honra; um trabalho inacabado equivaleria a receberem uma repreensão.

Vejo uma causa de degradação no abandono de um esboço ou de uma iniciativa. A desistência se torna um hábito; acaba-se resignado a conviver com a desordem e a má consciência; é-se aquele que vacila entre fazer e não fazer. Daí um rebaixamento da dignidade que não pode favorecer nossos progressos.

Meçam dez vezes, cortem numa vez só; alinhavem com cuidado e quando vier o momento de coser, que nada nesse mundo possa fazê-los dizer: eu desisto.

*

Em decorrência disso, os senhores costurarão, dando o máximo de si mesmos para executá-lo com perfeição. *Acabado* significa terminado, mas significa igualmente perfeito e ambos os sentidos corroboram um ao outro. Não terminei realmente aquilo que eu me recuso a encaminhar para o aperfeiçoamento. Só está feito o que se perfez e ficou perfeito. Segundo Espinosa, o ser e a perfeição correspondem à mesma ideia; o ser e o bem são convertíveis.

Conta-se que Ticiano esboçava sua tela vigorosamente, trabalhava-a até um determinado ponto e encostava a obra à parede até que ela se tornasse uma estranha para ele. Então ele a retomava e, envolvendo-a com um "olhar inimigo", forçava-a ser uma obra-prima.

Assim, quando um trabalho estiver encaminhado, deixem-no quieto até que o olho esteja refrescado, e o olhar, distanciado. Se então ele lhes desagradar, recomecem. Se ele estiver à altura, critiquem a fundo, atentando a todos os detalhes, e voltem à labuta até que possam dizer: estou no limite de minhas capacidades; o que permanece falho, que Deus e meu próximo mo perdoem. *"Quod potui feci: veniam da mihi, posteritas"*, diz Leonardo da Vinci em seu epitáfio.

Não é necessário compor em grande quantidade. Se o que fizerem corresponder a seu gênio, a suas graças e ao tempo de que dispõem, se lá estiverem por inteiro e se a vontade da Providência em seu interior estiver satisfeita por uma plena obediência, tudo está bem. Já terão feito muito, se cumprirem até o fim o que fizerem. Aquilo que fizessem mal-feito não lhe acrescentaria nada, e até o diminuiria, como uma mancha numa seda preciosa.

A vocação intelectual não admite os "mais ou menos"; os senhores têm de se entregar completamente. Votada ao Deus da verdade em sua globalidade, sua vida é dele em cada situação de que ela é constituída. Diante de cada trabalho digam: é meu dever fazê-lo, logo é também meu dever fazê-lo bem, já que o que não se acaba não é. Na medida em que eu fizer mal, eu falharei na vida, tendo desobedecido ao Senhor e faltado a meus irmãos. Nessa medida eu renuncio a minha vocação. Ter uma vocação é ter a obrigação do perfeito.

*

Um conselho prático importante se enquadra bem aqui. Quando um trabalho for decidido, bem concebido, bem preparado e os senhores o puserem em execução, determinem *de imediato*, com um vigoroso esforço, o valor de que ele deve se revestir. Não contem em emendar. Quando a preguiça lhes disser "toca para frente de qualquer jeito agora, mais tarde retomarás", lembrem-se de que essas retomadas, na maioria das vezes, são ilusórias. Tendo resvalado pelo declive, dificilmente se torna a subir. Não terão coragem para repensar *ab ovo* uma obra medíocre; sua covardia de hoje não é nenhuma garantia de heroísmo para o amanhã. Quanto às correções que poderiam fazer, mesmo que perfeitas em si mesmas, elas destoariam no conjunto. Uma obra, no que diz respeito ao fundo, deve vir de um só jato. Beethoven observava que um trecho acrescentado ulteriormente nunca alcança ter o mesmo estilo. Uma bela obra é tal e qual uma torrente de lava. Ticiano emendava em profundidade, mas seguindo a nota inicial, visando unicamente o acabamento; ele não tocava em nada que se referisse aos elementos básicos, à composição, às linhas fundamentais. O esforço fora feito; tratava-se de rematá-lo.

Deem sempre o máximo de si na hora da criação. Uma vez gerada a obra, os senhores cuidarão dela como a criança que se tem de alimentar e educar, mas cuja hereditariedade está determinada, cujos caracteres fundamentais estão estabelecidos. Será então o momento de aplicar a seu rebento espiritual as palavras da Bíblia: "Quem poupa a vara, odeia seu filho" (Provérbios 13:24).

V. NÃO TENTAR NADA ACIMA DE SEUS LIMITES

Tamanha severidade para consigo mesmo deixa supor que os trabalhos empreendidos estão adaptados aos senhores e encontram-se à medida de seus recursos. Se a presa for mais forte que o caçador, ela o devora. Torna-se então irrisório fornecer regras. Não se diz ao caçador de lebres: para abordar um leopardo, proceda de tal maneira.

*

O último dos *Dezesseis Preceitos* tomistas é este: "*Altiora te ne quæsieris* — não procures acima de ti". É de uma grande sabedoria. O oráculo antigo já dissera: "Não alargues teu destino; não tentes ultrapassar o dever que te é imposto". O trabalho intelectual não é senão o prolongamento de nossas tendências inatas. Nós somos, nós agimos, a obra eclode: são esses os elementos da série. Se quiserem encompridar chumbo usando ferro, ou algodão usando seda, não haverá aderência, de nada valerá o esforço.

A vocação faz uso de nossos recursos, ela não os cria. O intelectual mal dotado não dará outra coisa que um "fracassado"; mas mal dotado pode também dizer-se de modo relativo, com referência a uma obra em particular. Ora, é disso que falamos no momento.

Procurem discernir em todas as ocasiões a energia que lhes convém investir, a disciplina que são capazes de manter, o sacrifício que consentem em fazer, a matéria que se prestam a abordar, a tese que conseguem desenvolver, o livro que podem aproveitar, o público ao qual querem ser úteis. Cogitem sobre tudo isso com humildade e confiança. Caso necessário, busquem aconselhamento, não se esquecendo de que nos conselheiros leviandade e indiferença é o que há de sobra. Decidam-se da melhor maneira possível. Depois disso, entreguem-se ao trabalho de todo o coração.

Toda obra é grande, quando foi medida com precisão e cuidado. A que transborda é de longe a menor de todas. Já muitas vezes lhes dissemos: sua obra pessoal é única, a de outro também, não procedam a permutas. Cada um é o único que pode fazer aquilo de que está encarregado; faríamos malfeito o que nosso próximo fará bem feito. Deus se satisfaz em todos.

Empreender de acordo com suas forças, assumir de dizer só quando se souber, não se forçar a pensar o que não se pensa, a compreender o que não se compreende, evitar o perigo de omitir a substância das coisas cuja ausência se disfarça usando de grandes palavras, que sabedoria! O orgulho não se atém a isso, mas o orgulho é o inimigo do espírito tanto quanto da consciência. O presunçoso sucumbe a sua obra, ridiculariza-se e aniquila sua força. Infiel a si mesmo, não é fiel a nada; é uma chama apagada.

O sucesso em qualquer setor está sempre subordinado às mesmas condições: refletir no início, começar pelo começo, proceder metodicamente, avançar pausadamente, investir todas as suas forças. Mas a reflexão inicial tem por principal objetivo determinar aquilo para o que fomos feitos. O "conhece-te a ti mesmo" de Sócrates não é apenas a chave da moral, é a de toda vocação, já que ser chamado para algo é ver-se designar um caminho só seu, na imensidão da trajetória humana.

CAPÍTULO IX
O Trabalhador e o Homem

I. MANTER O CONTATO COM A VIDA

Depois de haver pedido tanto e, aparentemente, forjado tantos grilhões, será ironia voltar-se uma última vez para o intelectual e dizer-lhe: conserve livre sua alma?

O que mais importa à vida não são os conhecimentos, é o caráter, e o caráter estaria ameaçado se o homem se encontrasse por assim dizer abaixo de seu trabalho, oprimido pela rocha de Sísifo. Existe uma outra ciência além da que cai para dentro da memória: a ciência de viver. O estudo tem de ser um ato de vida, ser proveitoso para a vida, sentir-se impregnado de vida. Destas duas espécies de espíritos, os que se esforçam em saber alguma coisa e os que tentam ser alguém, a segunda é a que merece, de longe, os louros. Tudo no saber não passa de esboço; a obra acabada é o homem.

A intelectualidade decerto concorre para a soberania do homem, mas não basta. Além da moralidade, onde se inclui a vida religiosa, prolongamentos em vários outros setores devem ser levados em conta. Mencionamos a sociedade, a atividade prática: acrescentemos o convívio com a natureza, os cuidados com o lar, as artes, as reuniões, uma dose de poesia, o culto da palavra, os esportes inteligentes, as manifestações públicas.

A medida certa para tudo isso é difícil de estipular: confio em que o leitor encontrará aqui ao menos o estado de espírito que deve nortear essa decisão. É um índice seguro, para o pensamento e a prática, o de saber apreciar o valor relativo das coisas.

O estudo não tem outra razão de ser que não a de propiciar a expansão de nosso ser: ele não deve acabar nos reduzindo. Se a arte é o homem acrescentado à natureza, a ciência é a natureza acrescentada ao homem: nos dois casos é preciso salvar o homem.

Pascal recusa-se a emprestar sua estima ao especialista que não seria nada além disso; ele não quer que, quando um homem entra num círculo social, todos se lembrem de seu livro. "É uma marca pessoal muito ruim", diz ele, e ele não se refere apenas a esse espírito de ciência comparada que descrevemos, ele está pensando em termos de harmonia humana.

É preciso sempre ser mais do que se é; se filósofo, deve-se ser um pouco poeta e, se poeta, um pouco filósofo. O artesão tem de ter um tempo para ser poeta e filósofo, ninguém há de contestá-lo. O escritor precisa ser um médico e o clínico precisa saber escrever. Todo especialista é antes de tudo uma pessoa, e o essencial da pessoa está para além de tudo o que se pensa, de tudo o que se faz.

A compreensão do destino não se processa como a compreensão de uma coisa particular. Nos abrimos a ela "com a flor do espírito", nas palavras de Zoroastro. As metas particulares não valem a vida, nem os atos, a ação, nem o talento, uma ampla intuição onde toda a existência fica englobada; a obra não vale o obreiro. Tudo é nocivo quando destacado de sua rede de relações e é unicamente em nosso ambiente geral que nossa alma consegue desabrochar.

Aquele que só pensa em seu trabalho trabalha mal; ele se diminui; ele adquire um cunho profissional que se transformará em tara. O espírito deve permanecer aberto, preservar o contato com a humanidade e o mundo, para que a cada sessão de estudo ele proporcione a possibilidade de uma nova expansão.

Já citamos esta consideração de um rabino: "Quando um recipiente está preenchido com nozes, pode-se ainda deitar nele muitas medidas de azeite", aplicando-a aos trabalhos que se apoiam mutuamente em vez de se afrontar. Chamemos agora de nozes o trabalho técnico em seu todo; pode-se acrescentar-lhe sem sobrecarga, pelo contrário, aliviando-lhe o peso, o azeite da vida intelectual descontraída, dos nobres lazeres, da natureza, da arte.

O próprio trabalho técnico lucrará com isso. Ele tira amplo proveito da sociedade, da amizade, da ação exterior, e já expus os motivos desse fato. Nesse ponto só estou estendendo a situação básica, cujo alcance é geral. Será que se pode acreditar que uma visita ao Louvre, a audição da *Sinfonia Heroica* ou do *Édipo Rei*, um passeio em Versalhes nos ouros do outono, a simples visão de um pôr do sol, uma comemoração patriótica no Trocadéro ou no grande anfiteatro da Sorbonne, os jogos olímpicos, a encenação de um mistério em Jumièges ou no teatro de Orange, um grande discurso em Notre-Dame fiquem alheios às especialidades, quaisquer que sejam?

Seria ter uma péssima compreensão do pensamento se não se visse a ligação que ele entretém com todas as manifestações criadoras. A natureza tudo renova, refresca toda cabeça benfeita, abre caminhos e sugere enfoques abrangentes que ficam fora da alçada da abstração. A árvore é um instrutor e o prado formiga de ideias tanto quanto de anêmonas ou de malmequeres; o céu está carregado de inspirações em suas nuvens e astros; as montanhas estabilizam nossos pensamentos com sua massa, e as altas meditações se precipitam, num mesmo ímpeto, atrás das correntezas.

Conheço alguém que, olhando para uma torrente rápida, numa região montanhosa, se alçava invencivelmente à ideia dos mundos, sonhando com essas massas que se precipitam com a mesma celeridade, sob a dominação das mesmas leis, na dependência das mesmas forças, graças ao mesmo Deus de onde tudo parte e para onde tudo retorna. Voltando ao trabalho, ele se sentia enlevado pela Força única, imbuído dessa Presença propagada por toda parte e ele mergulhava sua obscura ação na comunhão dos seres.

Mas o senhor, espírito encarquilhado, coração ressequido, o senhor pensa que estará perdendo seu tempo se ficar a seguir as torrentes e a perambular em meio ao rebanho dos astros. O universo preenche o homem com sua glória e o senhor o ignora. A estrela da noite se enfastia em seu estojo sombrio, ela quer acomodar-se no pensamento e o senhor lhe recusa abrigo. O senhor escreve, calcula, alinha proposições e elabora teses, e não *olha*.

Quem não sabe que, durante um concerto, o intelectual pode ser tomado por uma impressão de grandiosidade, de beleza, de potência, que se transfere de imediato para seus modos de ver pessoais, contribui com seus propósitos, dá novo colorido a seus temas habituais e lhe proporcionará, logo mais, uma sessão de trabalho mais rica? Então ele não vai, nas costas do programa, rabiscar apressadamente o esquema de um capítulo ou de uma exposição, a ideia de uma temática, uma imagem vívida? A harmonia elevou o tom de sua inspiração, e o ritmo, onde ele ficou preso como um transeunte numa tropa em marcha, o arrastou para novas estradas.

Em São Sulpício, no interior de sua capela de Saints-Anges, Delacroix embebia-se deliciosamente dos sons do grande órgão e dos cantos religiosos. Ele atribuía a essa harmonia o êxito extraordinário de seu Jacó em luta e do cavaleiro do *Heliodoro*.

A música é preciosa para o intelectual por não especificar nada e, consequentemente, por não constituir empecilho para nada. Ela apenas suscita estados de ânimo cuja aplicação por cada qual a uma determinada tarefa tirará deles o proveito que quiser. Rodin fará disso uma estátua, Corot uma paisagem, Gratry uma página exaltada, Pasteur uma pesquisa mais apaixonada e mais atenta. Tudo na harmonia tem coesão e tudo nela se regenera. O ritmo, pai do mundo, é também pai do gênio onde o mundo se reflete. No horizonte indistinto do sonho, cada qual vê subir a imagem de sua escolha e registra-lhe os traços usando sua linguagem pessoal.

Segundo Santo Tomás, as circunstâncias de pessoa e as circunstâncias de fato fazem parte das atividades, elas concorrem para integrá-las e lhes conferem suas características. A ação de pensar constituirá a única exceção? Então não será ela influenciada pelo ambiente imaginativo, sensorial, espiritual, social que nós nos empenharemos em lhe proporcionar, a fim de que ela não seja mais um canto isolado e sim uma das vozes da orquestra?

É-se bem pobre, só consigo mesmo, num gabinete de trabalho! É bem verdade que se pode trazer para dentro dele o universo e povoá-lo com Deus; mas esse povoamento só se torna efetivo depois de uma longa experiência cujos componentes estão por toda parte. Será que eu poderia encontrar Deus em meu quarto se eu nunca fosse à igreja nem andasse sob o céu que "proclama sua glória"? Escreveria eu embevecido pela natureza e pela beleza universal se os grandes panoramas, o plácido campo e os cenários da arte não me tivessem previamente educado?

Assim sendo é preciso expandir o trabalho, para não se transformar num condenado a trabalhos forçados agrilhoado e não reduzir a intelectualidade ao papel de pelourinho. O trabalho é um ato livre.

Os senhores, pois, que tencionam dedicar-se à vocação do estudo, não deem as costas, para favorecê-lo, a todo o restante da vida. Não renunciem a nada do que faz parte do homem. Mantenham um equilíbrio em que o peso dominante não tente arrastar tudo consigo. Saibam elaborar uma tese e contemplar um raiar do dia, enfurnar-se nas abstrações profundas e brincar, como o Mestre divino, com as crianças. Hoje em dia as becas dos pedantes e seus barretes pontudos, de que zombava Pascal, caíram em desuso; entretanto eles subsistem, só que do lado de *dentro*, eles estão nas almas: não se pavoneiem com eles. Recusem ser um cérebro que se destacou de seu corpo e um humano que se diminuiu subtraindo-se sua alma. Não façam do trabalho uma monomania.

Meu intelectual é o homem detentor de um saber amplo e variado que vem prolongar uma especialidade dominada a fundo; é amigo das artes e das belezas naturais; seu espírito revela ser o mesmo nos afazeres corriqueiros e na meditação; encontramo-lo idêntico perante Deus, perante seus pares e perante sua criada, trazendo em si um mundo de ideias e de sentimentos que não se inscrevem apenas em livros e discursos, que se desabafam nas conversas amigáveis e que guiam sua vida.

No fundo, tudo está coeso e tudo é o mesmo. A intelectualidade não padece de nenhuma divisória. Todos os nossos objetos de investigação constituem-se um a um em portas para penetrar no "jardim secreto", no "celeiro de vinhos", que representa o termo das buscas fervorosas. Os pensamentos e as atividades, as realidades e seus reflexos têm todos um mesmo Pai. Filosofia, arte, viagens, cuidados domésticos, finanças, poesia e tênis sabem formar alianças e só entram em desacordo quando há desarmonia.

O indispensável, a todo momento, é estar onde se deve estar e fazer o que importa. Tudo se une no concerto antropo-divino.

II. SABER RELAXAR

Cada qual se dá conta de que expandir-se como estamos requerendo já é espairecer. A melhor parte da distração inclui-se nos modos de vida secundários a que fizemos menção. É pertinente, todavia, que se elogie mais explicitamente o repouso, reverso do trabalho, pelo qual, por conseguinte, o trabalho se qualifica de determinada maneira, ao revelar-se excessivo, sensato, submetido ou não à regra humana que se confirma na lei de Deus.

Nada deve exceder-se. O trabalho, exatamente por ser um dever, pede limites que o mantenham em pleno vigor, durante todo o seu decorrer, e que lhe proporcionem, ao longo da vida, a maior quantidade de efeitos de que ele seja capaz.

A intemperança é um pecado porque ela nos destrói, quando há obrigatoriedade em preservar a vida porque há obrigatoriedade em viver. Ora, a intemperança não está ligada apenas e tão somente aos regozijos sensuais; as mais sutis, as mais nobres empolgações tomam parte em sua malícia. Amar a verdade às custas da prudência, quer dizer, da verdade da vida, é uma inconsequência. Prova-se assim que a despeito de seus protestos, não é a verdade que se ama, mas o prazer que nela se obtém, as vantagens de vaidade, de orgulho, de ambição que dela se espera, à maneira destes enamorados de quem se diz que eles amam amar e que amam o amor de preferência ao objeto de seu amor.

A descontração é um dever, tal como a higiene, onde ela se inclui, tal como a conservação das forças. "Peço-te que te poupes a ti próprio" diz Santo Agostinho a seu discípulo.[1] O espírito não se cansa, mas o espírito dentro da carne se cansa; nossas capacidades de pensar são proporcionais a uma certa dose de ação. Acrescente-se a isso que, sendo o sensível nosso meio conatural e as mais ínfimas ações práticas constituindo-se na trama de vida para a qual estamos preparados, sair desse setor para galgar ao abstrato acarreta lassidão. O esforço não consegue perdurar. É preciso voltar à natureza e nela mergulhar para recobrar forças.[2]

---

[1] *De Musica*, c. II.
[2] Cf. Santo Tomás, II^a II^æ, q. 168, art. 2.

O ser em contemplação é um "mais pesado que o ar": ele só se mantém nas alturas mediante um dispêndio considerável de força; em pouco tempo o combustível se esgota e deve-se novamente "encher o tanque".

Pode-se acatar sem paradoxo essa observação de Bacon que os dados da fisiologia confirmam: "É preguiça passar tempo demais estudando". É preguiça de modo direto, no sentido em que se está impossibilitado de vencer um determinismo, de acionar o freio. É preguiça indiretamente, porque a recusa do repouso é a recusa implícita de um esforço que o repouso permitiria, que a estafa vai comprometer. Mas é preguiça de uma outra maneira ainda, mais dissimulada. De fato, fisiologicamente, o repouso é um trabalhão e tanto. Quando cessa a atividade pensante, o gênio interior do corpo empreende uma restauração que ele gostaria que fosse completa. O pretenso lazer não passa de uma transformação de energia.

No teatro, quando baixa o pano, um batalhão de operadores se lança ao palco, limpa, conserta, modifica, e assim se apronta o ato seguinte. O diretor de cena que interromperia ou atrapalharia essa correria não seria um inimigo da peça, do autor, dos intérpretes, do público, de si próprio? O estafado se contrapõe assim à própria vocação, Àquele que a atribui a ele, a seus parceiros na construção intelectual, a seus irmãos que dela tirariam proveito, a seu próprio bem.

*

O melhor modo de se descontrair ainda seria, se ele fosse viável, o de não se cansar, quero dizer, de equilibrar seu trabalho de maneira a conseguir que uma operação o descansasse de outra. Na medicina, combate-se com frequência os efeitos de uma droga nociva com seu antagonista. Nem tudo cansa do mesmo jeito, nem no mesmo momento. O fundidor suando em bicas diante da fornalha consideraria um repouso atar feixes de feno em campo aberto e o enfardador distribuir o feno nos cochos.

Já demos indicações nesse sentido. Ao tratar do aproveitamento do tempo, depois a respeito da constância no trabalho, tocamos no princípio da distribuição das tarefas. Nem tudo, na intelectualidade, se resume a uma concentração exaustiva: há as preliminares, os paralelos, os corolários práticos dos pensamentos e das criações. Escolher livros, selecionar documentos, reunir anotações, classificar manuscritos, colar papeletas nas margens de suas folhas, revisar provas, pôr em ordem os objetos de escritório, arrumar sua biblioteca, tudo isso são ocupações, não é trabalhar. Organizando-se de modo adequado, pode-se dar o máximo de si ciente e controladamente e, nos intervalos, executar muitas dessas tarefas pouco cansativas, conquanto indispensáveis, e que adquirem, em si mesmas, um valor de contemplação.

Esse escalonamento dos trabalhos segundo suas exigências cerebrais trará uma dupla vantagem: ele evitará a estafa e devolverá ao trabalho intenso toda a sua pureza. Quando não se previu o repouso, o repouso que não se toma *toma-se*; ele se intercala sub-repticiamente no trabalho sob a forma de distração, sonolência e necessidades que se deve atender, não se tendo pensado nelas no devido tempo.

Estou em pleno esforço criador; eis que me falta uma referência; não há mais tinta no tinteiro; um arquivamento de anotações ficou pendente; um livro, um manuscrito de que preciso estão em outro cômodo ou soterrados sob pilhas das quais têm de ser extraídos. Uma hora atrás, tudo isso teria sido feito brincando, com alegria, a mente a sonhar com a sessão de trabalho tranquila que eu, dessa maneira, me teria preparado. Mas no momento presente fico perturbado com isso; meu impulso se interrompe. Se omiti esses preparativos em benefício de um falso trabalho que meu descomedimento quis salvar, a desgraça é dobrada. E chego a isso: nem verdadeiro repouso, nem verdadeiro trabalho. Reina a desordem.

Evitem cuidadosamente, como já havia dito anteriormente, no que tange aos "instantes de plenitude", o semitrabalho que é um semirrepouso e que não serve de nada. Trabalhem energicamente, depois relaxem, nem que seja por meio de um espairecimento relativo que prepara, auxilia ou encerra o trabalho.

O descanso total será aliás igualmente necessário, total, digo eu, pelo abandono momentâneo de toda e qualquer preocupação laboriosa, salvo a que se centra no "trabalho permanente" cuja facilidade e os benefícios já conhecemos.

Santo Tomás explica que o autêntico repouso da alma é a alegria, a ação deleitável. Os jogos, as conversas familiares, a amizade, a vida em família, as leituras prazerosas cujas condições já foram colocadas, a proximidade da natureza, a arte quando estiver acessível, um trabalho manual bem ameno, o perambular inteligente numa cidade, os espetáculos nem muito incisivos nem muito excitantes, os esportes moderados: são esses os elementos que asseguram a descontração.

Tampouco nisso deve-se incorrer em excessos. Um descanso longo demais, além de devorar tempo, causa danos ao envolvimento que está na base de uma vida laboriosa. É muito importante que cada qual descubra o ritmo que favorecerá o envolvimento máximo aliado ao mínimo cansaço possível. Trabalhar por tempo demasiado é ficar exausto; interromper o trabalho demasiadamente cedo é não dar tudo de que se é capaz. Do mesmo modo, descansar por tempo demasiado é destruir o envolvimento adquirido; descansar demasiadamente pouco é perder a oportunidade de renovar as forças. Conheçam-se, e dosem tudo em conformidade com esse autoconhecimento. Ressalvada essa condição, os repousos frequentes e curtos, que relaxam sem exigir um novo aquecimento antes de reiniciar, são os mais favoráveis.

Ah! Se fosse possível trabalhar em plena natureza, com a janela aberta diante de uma bela paisagem, em posição de se espairecer por alguns instantes, tão logo apareça o cansaço, em meio à vegetação ou, caso ocorra uma parada no pensamento, de perguntar o que opinam a esse respeito as montanhas, a assembleia das árvores ou das nuvens, os bichos que por ali circulam, em vez de ficar amarguradamente no aguardo de uma retomada, aposto que o produto do trabalho viria em dobro e que seria de longe mais admirável, de longe mais humano.

É-se tão realista estando a circular no campo, e a alma permanece ao mesmo tempo tão elevada! O *Imperativo Categórico* não deve ter sido concebido num prado, nem muito menos a aritmética pretensamente moral de um Bentham.

Jovens que aspiram alto e querem ir longe, atenham-se à realidade humana. Preservem uma cota de lazer; não se esgotem; trabalhem na tranquilidade e na alegria espiritual; sejam livres. E até, se necessário, usem de astúcia para consigo mesmos: prometam-se, na hora do esforço, algum alívio agradável cuja imagem já em si refresca-lhes o pensamento, enquanto aguardam que ele lhes venha restaurar as forças.

Se estiverem em grupo, façam boa acolhida às distrações uns dos outros. O homem que não graceja nunca, diz Santo Tomás, que não aceita brincadeiras e não incentiva o lado lúdico ou relaxante de outrem é um bronco, e tem um alto custo para o próximo.[3] Não se consegue viver um dia sequer, dizia Aristóteles, com um homem inteiramente sombrio.

III. ACEITAR AS PROVAÇÕES

Esse equilíbrio do trabalho e da alegria repousante é tanto mais necessário que as provações do trabalhador são inúmeras. Demos uma ideia disso reiteradas vezes. Em matéria de ciência como em tudo o mais, não se chega à salvação senão pela cruz. O descontentamento consigo mesmo, a demora da inspiração, a indiferença do entorno, a inveja, as incompreensões, os sarcasmos, as injustiças, o abandono por parte dos chefes, a deserção dos amigos, tudo pode concorrer, e tudo tem sua hora.

"A superioridade tem de se haver com tantos obstáculos e sofrimentos", escrevia George Sand a respeito de Balzac, "que o homem que persiste, com paciência e brandura, em cumprir a missão do talento é um grande homem". Os senhores não hão de querer atribuir a si próprios esta última expressão. Contudo, se em algum grau vierem a ser alguém, fiquem no aguardo de provações seletas e preparem-se para experimentá-las em seus vários sabores: a provação do ideal, que lhes parece estar cada vez mais distante à medida que apertam o passo; a provação dos estúpidos que não entendem nada das palavras que os senhores lhes dizem e ficam escandalizados com elas; a provação dos invejosos que os julgam impertinentes por terem atravessado a linha de combate deles; a provação dos bons que se deixam abalar, passam a suspeitá-los e os largam; provação dos medíocres que são a grande massa e que os senhores incomodam com

---

[3] Idem, II^a II^{ae}, q. 168, art. 4.

sua tácita afirmação de um mundo superior. "Se vós fôsseis do mundo, declara o Salvador, o mundo amaria o que era seu; mas porque não sois do mundo... por isso é que o mundo vos odeia" (João 15:19).

As distrações mencionadas acima como meios de se relaxar poderão aqui também ser de grande ajuda. Tudo o que descansa do trabalho é igualmente apto a acalmar o sofrimento. Todavia, recorram sobretudo aos meios sobrenaturais e dentre eles ao trabalho sobrenaturalizado que é nosso fim único.

O trabalho cura os padecimentos do trabalho e os do trabalhador; ele é o inimigo dos pesares, das doenças e dos pecados; ele nos coloca numa região elevada onde os percalços da existência e as fraquezas do corpo encontram algum alívio. A impulsão que ele confere, a orientação que ele dá às energias desencaminham os transtornos e nos livram das preocupações miseráveis.

Fiquem ociosos e apalpem o corpo: uma penca de vagos desconfortos provavelmente se manifestará; trabalhem com fervor, nem pensarão mais nisso tudo. O mesmo se pode dizer dos males da alma. Quando eu me pergunto "Como darei cabo das inquietações e dos pesos que me assaltam durante o trabalho?", só encontro uma resposta: pelo trabalho. Qual o reconforto para meu coração se ele duvidar de sua obra? O trabalho. Qual o meio de resistir aos inimigos do esforço e aos invejosos do sucesso? O trabalho. O trabalho é o remédio, o trabalho é o bálsamo, o trabalho é o incentivo. Juntem-lhe o silêncio, seu companheiro, e a oração, sua inspiradora, usufruam de uma doce amizade, se Deus lhes outorgar uma, e estarão prontos para o que der e vier.

O trabalho equilibra a alma; ele confere unidade interior. Com o amor de Deus, que funda a hierarquia dos valores, ele realiza a subordinação das forças e a alma se estabiliza. Fora isso, a necessidade de unidade não se satisfará senão mediante alguma mania inferior ou alguma paixão, e nossas fraquezas de todos os tipos voltarão a dominar.

Não é à toa que se chama a preguiça de mãe de todos os vícios; ela é também mãe das falhas e dos penares, em todo caso ela os estimula. O sentimento de vitória que o trabalho suscita combate essa depressão; o gasto das forças, quando segue um ritmo, alça-lhes o tom e as regulariza, como o impulso da equipe que rema cantando.

A verdade é uma defesa; ela nos dá firmeza; ela nos alegra; com ela nós nos consolamos de nós mesmos e dos outros; sua descoberta é para nós uma recompensa, sua manifestação uma nobre desforra, nos dias de contradição.

*

O trabalhador está exposto, entre outras tristezas, àquela que é talvez a mais sensível ao intelectual, quando não ao homem: a crítica não o poupa. Quando essa crítica é superficial e injusta, ele sofre, ele fica propenso a se irritar; se ela acerta em seu ponto fraco e assinala em suas produções ou seu caráter defeitos que ele preferiria esquecer e ocultar aos olhares alheios por não conseguir eliminá-los, é principalmente então que ele se sente atingido.

Qual seria o revide adequado e qual a melhor atitude a tomar? Resposta: a mesma de sempre. "A todas as críticas só vejo uma resposta a ser dada", diz Emerson: "voltar ao trabalho".[4] Diz-se também de Santo Tomás que quando ele era atacado, o que acontecia com muito maior frequência que seu triunfo posterior deixa supor, ele se esforçava em fortalecer sua posição, em precisar e esclarecer sua doutrina, feito o quê ele se calava. *O boi mudo da Sicília* não ia deixar que as gesticulações e gritarias de uma cruzada de crianças o desviassem de seu caminho.

Corrigir-se e calar-se, eis a grande máxima. Os que a puseram em prática sempre subiram alto; da força que se investia para derrubá-los eles fizeram uma impulsão vitoriosa; com as pedras que se jogavam neles eles construíram sua morada.

É pueril procurar defender suas obras ou estabelecer-lhes o valor. O valor se defende por si mesmo. O sistema solar não se pronuncia para desempatar Ptolomeu e Copérnico. A verdade é. As obras votadas à verdade participam de seu ser e de seu poder. Agitarem-se à volta delas é enfraquecerem-se. Calem-se; humilhem-se perante Deus; duvidem de seu juízo e corrijam seus erros; depois, permaneçam firmes como o rochedo contra o qual vêm rebentar as ondas. O tempo e a energia que os senhores gastariam

---

[4] *Autobiographie* [Autobiografia]. Ed. Régis Michaud. Colin éd, p. 145.

para sustentar uma obra serão mais bem empregados fazendo outra, e sua paz vale mais que um êxito banal.

"O verdadeiro sábio não discute", escreve Keyserling; "ele não se defende. Ele fala ou escuta; ele afirma ou procura penetrar as significações".

Assim que lhes repreenderem algo, em vez de reagir por dentro e por fora, como o animal que eriça o pelo, observem, como um homem, o alcance do que se diz; sejam impessoais e íntegros. Se a crítica é que estiver com a razão e não os senhores, hão de querer resistir ao que é verdadeiro? Mesmo que tenha ocorrido inimizade desde o início, tenham a coragem de confessar e a dignidade de fazer bom uso da malevolência que Deus pôs a serviço dos senhores. Pois o próprio mal está nas mãos de Deus, e a crítica maldosa, por ser a mais afiada, lhes trará um proveito ainda maior.

Colhido o que de útil houver, deixem o restante com o Senhor que julga pelos senhores e que saberá, no devido tempo, fazer justiça. Não deem mais ouvidos. "Não se diz nada de ruim, escreve Santo Agostinho, diante daquele que não escuta." A inveja é o imposto de renda da glória, da distinção ou do trabalho. O trabalho, que em si é invulnerável, exige do trabalhador seu resgate. Que este pague e não venha com recriminações. "As grandes almas sofrem silenciosamente", diz Schiller.

Quando não há nada de aproveitável a retirar de um ataque, resta ainda aproveitar para se retirar, a si próprio, para sair primeiramente ileso, isento de enfraquecimentos e de rancores, depois engrandecido, aprimorado pela provação. A força espiritual genuína se exalta na perseguição; às vezes geme, porém seu gemido é igual ao de toda criatura que "geme ainda agora e sofre as dores da maternidade" diz o Apóstolo.

Dissemos que a vida intelectual é um heroísmo: então gostariam que o heroísmo nada custasse? As coisas só valem na exata proporção do que elas custam. O sucesso fica para mais tarde; o louvor fica para mais tarde, talvez não o dos homens, mas o de Deus e de sua corte que farão da consciência dos senhores seu profeta. Os trabalhadores, seus irmãos, também os reconhecerão, apesar de sua defecção aparente. Entre intelectuais, muitas pequenas vilezas e às vezes grandes iniquidades se cometem; entretanto uma classificação implícita nem por isso deixa de consagrar os valores autênticos, mesmo que a publicidade os relegue ao esquecimento.

Se for preciso protelar também sua utilidade – quem sabe? Talvez até a época em que os senhores já não estiverem aqui –, consintam. As honrarias póstumas são as mais desinteressadas e a utilidade póstuma preenche satisfatoriamente os verdadeiros desígnios de sua obra. Afinal, o que querem os senhores? Fama? Lucro? Nesse caso não passam de falsos intelectuais. A verdade? Ela é eterna. Não é necessário utilizar-se a eternidade.

O verdadeiro se desvela pouco a pouco; os que o tiram da sombra não têm de lhe pedir que ele lhes confira uma auréola; eles estão servindo, isso basta, e cingir, por um único instante, o gládio dos heróis ou carregar o escudo diante deles, é sua recompensa.

O trabalho não vale de fato por si mesmo? É um dos crimes de nosso tempo de havê-lo depreciado e substituído sua beleza pela feiúra de um violento egoísmo. As nobres almas vivem uma bela vida e esperam dela a fecundidade como um suplemento. Elas trabalham não só pelo fruto, mas pelo trabalho, para que sua vida seja pura, reta e viril, semelhante à de Jesus e pronta para unir-se a ela. Assim, elas não se detêm nas decepções. O amor não receia as decepções, nem a esperança, nem a fé de raízes sólidas.

Por mais que se trabalhe sem fruto aparente, que se semeie e não se colha, que se nade e se seja repelido da margem, que se caminhe e não se encontre diante de si senão espaços sem fim, isso não se constitui de forma alguma em decepção para quem crê, para quem tem esperança, e isso agrada a quem ama porque o amor tem sua melhor prova quando se trabalha por prazer, o prazer do amado e o de seu serviço.

IV. APRECIAR AS ALEGRIAS

De resto, no trabalho, nem tudo é contrariedade, o trabalho comporta suas alegrias, e é uma felicidade se a alegria por si só despertar nossa disposição para trabalhar e nos relaxar após o esforço.

Seria bom ter alegria mesmo nas aflições e contrariedades, a exemplo do Apóstolo: "Eu me excedo em alegria em meio a minhas tribulações". A tristeza e a dúvida matam a inspiração, mas a matam unicamente quando se cede a elas. Reerguer-se mediante a alegria cristã é reavivar a chama abafada.

"Os fracos pensam no passado", escreve Marie Bashkirtseff, "os fortes tratam de se vingar". Isso é sempre viável e, a fim de nos ajudar, Deus permite que descansemos às vezes num contentamento tranquilo.

A sensação da altitude dá ao trabalhador, como ao escalador de rochas e geleiras, uma alma a um só tempo confrangida e feliz. As paisagens de ideias, mais sublimes que as alpinas, excitam sua embriaguez. "Ver a ordem do universo e as disposições da divina Providência é uma atividade eminentemente deleitável", diz Santo Tomás de Aquino.[5]

Segundo o angélico Doutor, a contemplação parte do amor e termina na alegria: amor do objeto e amor do conhecimento enquanto ato de vida; alegria da possessão ideal e do êxtase que ela provoca.[6]

O intelectual cristão escolheu a renúncia, mas a renúncia o enriquece mais que uma opulência altiva. Ele perde o mundo e o mundo lhe é dado espiritualmente; ele ascende ao trono de onde se julgam as doze tribos de Israel (Lucas 22:30). O ideal é sua realidade pessoal, que para ele substitui a outra e absorve todos os defeitos desta usando da beleza. Despojado de tudo pelo espírito e não raro de uma pobreza efetiva, ele se vê acrescido de tudo de que ele abre mão, ou que abre mão dele, pois ele reencontra secretamente a magnífica possessão de tudo isso. Se ele se abandona à mais absorvente das ações interiores, ao recôndito desse profundo sono aparente, ele poderia dizer, como a Esposa: "Durmo, mas meu coração vela." "Sobre meu leito, durante a noite, procurei o que meu coração ama, agarrei-o e não o deixarei ir-se."

Quando se está nas condições requeridas e a alma está inteiramente entregue à obra a executar, quando se estuda bem, quando se lê bem, quando se anota bem, quando se faz com que a inconsciência e a noite cumpram sua tarefa, os

---

[5] In *Psalm.* 26.
[6] II^a II^æ, q. 180, art. 1º.

trabalhos que se preparam são como semente sob o sol, como a criança a quem a mãe dá à luz na dor, mas tão feliz por ter nascido um homem que ela nem se lembra mais de sua dor (João 16:21).

A recompensa de uma obra é tê-la feito; a recompensa do esforço é ter crescido.

Coisa espantosa, o verdadeiro intelectual parece escapar dessas tristezas causadas pela idade que infligem a tantos homens uma morte antecipada. Ele se mantém jovem até o fim. Dá a impressão de tomar parte da juventude eterna do verdadeiro. Tendo em geral amadurecido muito cedo, ele continua maduro, em nada azedo nem decaído, quando a eternidade vem recolhê-lo.

Essa perenidade excepcional é igualmente a dos santos; ela talvez desse a pensar que santidade e intelectualidade têm a mesma essência. Com efeito, a verdade é a santidade do espírito; ela o conserva, como a santidade é a verdade da vida e tende a fortalecê-la para este mundo tanto quanto para o outro. Não há virtude sem crescimento, sem fertilidade, sem alegria; não há luz intelectual tampouco sem que tais efeitos dela derivem. Sábio, conforme a etimologia, é o que possui erudição e experiência de vida, e a sabedoria é una, abrangendo a dupla regra do pensamento e da ação.

V. ANSIAR PELOS FRUTOS

Com isso chegamos às últimas palavras que convém dirigir ao ouvinte dessa tão curta e tão longa teoria da vida intelectual. "Se seguires esse caminho", diz Santo Tomás a seu discípulo, "produzirás, na vinha do Senhor, verduras e frutos úteis por toda a tua vida. Se colocares em prática esses conselhos, alcançarás o que desejas. Adeus".

Não será um digno adeus esse que empenha, em favor do labutador e do fiel, a honra do verdadeiro, garantindo a quem preencher as condições os resultados que ele deseja?

Não se pode prometer nada a quem não tem nenhum dom. Porém, estando pressuposta a vocação, tem-se o direito de dizer que a cultura não é filha principalmente do gênio; ela nasce do trabalho, de um trabalho qualificado, organizado e contínuo, tal como tentamos retratá-lo.

O trabalho fabrica para si seu próprio instrumental. Como o ferreiro que dá têmpera a suas ferramentas, ele forma nosso caráter e nos confere solidez, consequentemente confiança.

*

Essa confiança que está fundada sobre uma lei das coisas pertence ao trabalho mais do que ao trabalhador; entretanto o trabalhador também deve ter fé em si mesmo. Não tem ele consigo o Deus que disse: "O que busca, encontra; e a quem bate, abrir-se-lhe-á"? Todos nós temos a Verdade por detrás de nós e ela nos impele pela inteligência; nós a temos diante de nós e ela nos chama, acima de nós e ela nos inspira.

A alma é igual em todos; o Espírito sopra em todos; o intuito e as aspirações profundas são os mesmos para todos; só o que varia, além dos ânimos, são os elementos cerebrais mais ou menos livres e ativos, mais ou menos interligados. Ora, sabemos que com nossos socorros terrestres e celestes, podemos superar um bom número de deficiências. A luz pode filtrar através das brechas que nosso esforço alarga; quando ela se faz presente, por si mesma ela expande e firma seu reinado.

Não se deve apoiar-se em si mesmo; mas em Deus dentro de si nunca se conseguirá ter demasiada confiança. Nunca se está superestimando o eu, quando se trata do eu divino.

De resto, esperamos também daqueles que nos iniciaram, de nossos amigos, de nossos irmãos no meio intelectual uma contribuição permanente. Os gênios estão do nosso lado. Os grandes homens não são grandes só para si; eles nos sustêm; nossa confiança os subentende. Com sua ajuda, podemos construir-nos uma vida tão grande quanto a deles, ressalvada a desproporção das forças.

O verdadeiro intelectual não deve temer a esterilidade, a inutilidade; basta que uma árvore seja uma árvore para dar sementes. Os resultados às vezes tardam, mas não falham; a alma dá uma paga; os acontecimentos dão uma paga.

Se não podemos nos igualar ao que admiramos, sempre podemos nos igualar a nós mesmos: eis nosso único objetivo.

Cada indivíduo é único: por conseguinte cada fruto do espírito é também único. O único é sempre precioso, sempre necessário. Não faltemos a Deus, e o sucesso de Deus será em parte o nosso. Temos aí um consolo para nossa inferioridade e, se produzimos, um reconforto diante do dilúvio dos livros.

Deem tudo o que houver nos senhores, e se forem fiéis a si próprios, se o forem até o fim, estejam certos de chegar à perfeição de sua obra – a sua, digo eu, aquela que Deus espera dos senhores e que vem em resposta a suas graças, interiores e exteriores. E, na ocasião, deverão dizer a si mesmos que muitas obras e vidas são mais belas, mas poderão acrescentar: não há mais bela para mim, e não há outra igual.

Acrescento isto ainda, que faz parte dos motivos para termos confiança. Quando lhes pedirem fidelidade, um trabalho dedicado e bem organizado, não ficam radicalmente excluídas eventuais falhas; promessas feitas com essa condição seriam irrisórias. Errar é humano, mas dentre todas as prescrições, retenhamos o essencial, o habitual; é com referência a esse conjunto que nos é dito: basta, é indispensável.

Seria desejável que nossa vida fosse uma chama sem fumaça e sem escórias, que nada dela fosse desperdiçado, que nada nela fosse impuro. Isso não é possível; mas o possível é ainda belo, e belos e saborosos são seus frutos.

Decididos a pagar, anotem no registro de seu coração, hoje mesmo, se já não fizeram isso, sua firme resolução. Aconselho a escreverem essa decisão também preto no branco, de modo bem legível, e a colocarem os termos em que foi formulada bem a sua frente. Quando se puserem ao trabalho e depois de terem orado, reassumirão essa resolução a cada dia. Terão tido o cuidado de mencionar especialmente o que lhes é o menos natural e o mais indispensável, aos senhores, tais como são. Caso necessário, recitarão isso em voz alta, para que sua palavra lhes seja, a si próprios, mais nitidamente dada.

Então, acrescentem e repitam com plena certeza: "Se fizeres isso, produzirás frutos úteis e alcançarás o que desejas".

ADEUS.

Outras obras relacionadas:

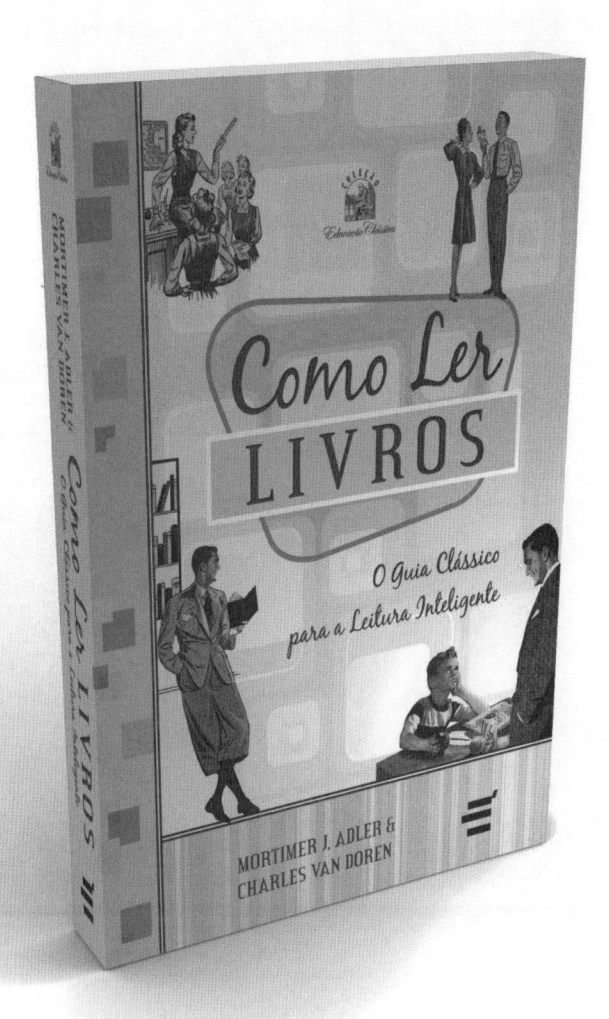

Neste clássico, Mortimer Adler nos ensina a praticar a leitura em diferentes níveis — elementar, inspecional, analítica e sintópica — e nos ajuda a adequar nossa expectativa e forma de leitura ao tipo de livro que pretendemos ler. Não se lê um romance da mesma forma que se lê ciência. Não se lê ciência da mesma forma que se lê história. Mais que um livro de técnicas de leitura, trata-se de um verdadeiro tratado de filosofia da educação.

CONSIDERAÇÕES SOBRE A EDUCAÇÃO seguidas de PEDAGOGIA INFANTIL

Alain

Segundo Otto Maria Carpeaux, "Alain foi o Sócrates de Paris entre as duas guerras", e exerceu grande influência sobre uma geração de intelectuais franceses – incluindo Raymond Aron, Simone Weil e André Maurois. Este volume reúne "Considerações sobre a Educação", reflexões gerais e teóricas, e "Pedagogia Infantil", uma série de lições destinada a suas alunas, futuras "jardineiras de infância".

facebook.com/erealizacoeseditora
twitter.com/erealizacoes
instagram.com/erealizacoes
youtube.com/editorae
issuu.com/editora_e
erealizacoes.com.br
atendimento@erealizacoes.com.br